독자의 1초를
아껴주는 정성을
만나보세요!

세상이 아무리 바쁘게 돌아가더라도 책까지 아무렇게나 빨리 만들 수는 없습니다.

인스턴트 식품 같은 책보다 오래 익힌 술이나 장맛이 밴 책을 만들고 싶습니다.

땀 흘리며 일하는 당신을 위해 한 권 한 권 마음을 다해 만들겠습니다.

마지막 페이지에서 만날 새로운 당신을 위해 더 나은 길을 준비하겠습니다.

면접을 위한 CS 전공지식 노트

Computer Science Note

초판 발행 · 2022년 4월 28일
초판 6쇄 발행 · 2023년 11월 24일

지은이 · 주홍철
발행인 · 이종원
발행처 · (주)도서출판 길벗
출판사 등록일 · 1990년 12월 24일
주소 · 서울시 마포구 월드컵로 10길 56(서교동)
대표 전화 · 02)332-0931 │ **팩스** · 02)323-0586
홈페이지 · www.gilbut.co.kr │ **이메일** · gilbut@gilbut.co.kr

기획 및 책임편집 · 안윤경(yk78@gilbut.co.kr) │ **디자인** · 최주연 │ **제작** · 이준호, 손일순, 이진혁
영업마케팅 · 임태호, 전선하, 차명환, 박민영, 지운집, 박성용 │ **영업관리** · 김명자 │ **독자지원** · 윤정아

교정교열 · 김윤지 │ **전산편집** · 박진희 │ **출력 · 인쇄 · 제본** · 북솔루션

ISBN 979-11-6521-952-9 93000
(길벗 도서번호 080326)

정가 24,000원

독자의 1초를 아껴주는 정성 길벗출판사

길벗 │ IT단행본, IT교육서, 교양&실용서, 경제경영서
길벗스쿨 │ 어린이학습, 어린이어학

페이스북 · www.facebook.com/gbitbook
예제소스 · https://github.com/gilbutITbook/080326

COMPUTER SCIENCE NOTE

면접을 위한
CS
1010
01 1 0
0100 1
전공지식 노트

주홍철 지음

길벗

4년 동안 학부를 다니면서 CS를 배웠지만, 막상 면접을 준비할 때는 빠진 것은 없는지, 어떤 식으로 대답할지 잘 몰랐습니다. 결국에는 맨땅에 몇 번 헤딩한 뒤에야 감을 잡았는데, 이 책이 그때 있었더라면 좋았겠다는 생각이 듭니다. 이 책은 그림과 코드를 십분 활용하여 CS를 재미있게 풀어서 설명하고, 짧은 분량과는 다르게 많은 내용을 커버합니다. CS를 잘 모르는 비전공자라면 쉽고 빠르게 CS를 훑어볼 수 있고, CS를 배운 전공자라면 면접 전에 가볍게 복기하거나 예상 질문에 대답해보면서 면접을 더욱 단단히 준비할 수 있을 것입니다. 특히 포트폴리오를 쓰는 법과 면접 예상 질문들은 이제 막 취업을 준비하는 사람에게 많은 도움이 될 것이라고 확신합니다.

최범석 | 네이버 리서치 엔지니어

현직 개발자 중에서도 기본적인 CS 관련 기반 지식이 부족한 개발자가 많습니다. 이러한 부분이 겉으로는 그리 중요해보이지 않을지 몰라도 실력 있는 소프트웨어 개발자가 되기 위해서는 반드시 숙지해야 하는 내용입니다. 이 책은 기본적으로 소프트웨어 개발자가 갖추어야 할 기본 지식을 상당 부분 담고 있습니다. 면접에서도 모든 질문에 답변할 필요는 없기 때문에 이 책의 내용만 충분히 숙지하신다면 기본 과목에 대한 지식이 부족하여 면접에 불합격하는 일은 없으리라고 생각합니다.

또한, 이 책은 배경지식을 쌓기 위한 기본서로도 좋습니다. 신입 개발자가 어떠한 내용을 공부하기 위해 라이브러리의 문서들을 읽다 보면 문장의 단어 뜻이나 배경지식이 부족하여 공부하기 힘든 부분들이 있을 수 있는데, 이 책은 그러한 부분들도 깔끔하게 채워줍니다.

김찬호 | 라인 백엔드 엔지니어

이 책은 단편화된 컴퓨터 지식들을 연결해주고 면접 준비 중이신 분들이나 컴퓨터 공학의 기본기가 약하신 분들에게 큰 도움이 되는 책입니다. 적극 추천합니다!

김건우 | 클래스101 백엔드 개발자

이 책은 개발자라면 꼭 알아야 할 내용을 다루고 있습니다. 비전공자라면 이 책의 수많은 CS 전공지식으로 인해 한 번에 이해할 수 없을 수도 있지만, 키워드 중심으로 찾아가면서 이해하려고 한다면 어느새 전공자 수준으로 성장해가는 자신을 발견할 수 있을 것입니다. 전공자라면 이 책을 통해 자신의 CS 전공지식을 빠르게 훑어보며 부족한 면을 보완할 수 있습니다. 이 책을 통해 기본기가 탄탄한 개발자가 되는 기반을 마련하셨으면 합니다.

이태우 | 휴먼스케이프 CTO

IT 면접을 잘 보기 위해서는 알아야 하는 지식이 많고 이를 짧은 시간 안에 공부하는 것은 어렵습니다. 어떠한 지식이 필요하고 어떠한 커리큘럼으로 공부해야 효율적일지 고민하고 있다면 이 책을 보는 것이 최선이라고 확신합니다.

또한, 이 책은 IT 지식뿐만 아니라 면접은 어떻게 봐야 하는지, 포트폴리오는 어떻게 작성해야 하는지 나와 있고, 면접 예상 질문까지 알려주어 면접을 원활하게 준비할 수 있습니다.

남승원 | 당근마켓 백엔드 개발자

개발자라면 알아야 할 필수적인 CS 지식들이 있지만 저와 같은 비전공자들은 이런 것들을 공부하는 데 있어 어려움이 많습니다. 어디서부터 시작해서 어디까지 학습해야 할지 잘 모르겠고, 방대한 범위를 정말 다 공부해야 하는지 로드맵을 그리기가 어려운데, 이 책에서는 비전공자들을 비롯한 전공자들까지도 알아두면 좋을 내용이 알차게 담겨 있습니다. 또한, 이미 CS 지식을 공부한 분들에게도 탄탄한 CS 지식을 다지는 데 도움을 주어 이 책을 기반으로 성공적인 이직 또는 취업 준비를 할 수 있으실 것입니다.

이태훈 | 배달의 민족 백엔드 개발자

✔ 책의 소개와 특징

필자는 IT 대기업 면접을 준비할 때 "탄탄한 CS 전공지식이 필요하다."라는 말을 듣고 수많은 전공 서적과 전공 강의들을 보며 CS 전공지식을 쌓아가려고 노력했습니다. 그때는 무엇이 필요하고 필요 없는 지식인지 알 수 없어 다 외우려고 했지만 정말 많은 양이었기 때문에 너무 힘들었습니다.

또한, 인터넷에 있는 CS 전공지식들은 몇 개씩은 틀리기 마련이라 공부하다가 헷갈려서 다시 찾아보는 등의 어려움도 겪었습니다.

이 책은 그러한 문제점들을 해결하는 책입니다. 한 권만으로 CS 전공지식의 전반적인 내용을 학습할 수 있으며, 더 나아가 실제로 개발할 때 필요한 CS 전공지식을 담았습니다.

이 책의 장점은 다음과 같습니다.

- 면접에 나올 법한 CS 전공지식을 포함한 CS 전공지식의 전반을 다룹니다.
- 필자의 실제 개발 경험이 녹아 있어 이론에만 치우친 CS 전공지식이 아닌 이론과 실무가 아우러진 전공지식을 선사합니다.
- 필자의 수많은 면접 경험을 바탕으로 한 면접 노하우가 책 곳곳에 녹아 있습니다.
- 구글, 네이버, 카카오 등 탑티어급의 회사에 합격한 필자의 포트폴리오가 소개되며 포트폴리오 작성 노하우를 알려줍니다.

✔ 대상 독자

개발자 면접을 준비하며 디자인 패턴, 네트워크, 운영체제, 데이터베이스, 자료 구조 등 CS 전공지식을 준비하고자 하는 분들을 위한 책입니다. 또한, 훌륭한 개발자가 되기 위해 CS 전공지식을 공부하고 싶은 분들에게도 유용합니다. 이 책으로 탄탄한 CS 전공지식을 쌓을 수 있습니다.

✔ 책의 구성

이 책은 디자인 패턴, 네트워크, 운영체제, 데이터베이스, 자료 구조로 이루어져 있는 CS 전공지식을 다룹니다.

1장
1장에서는 디자인 패턴을 다룹니다. 이론뿐만 아니라 실제로 어떻게 디자인 패턴이 쓰이고 있는지를 서술했습니다. 예를 들어 '전략 패턴은 passport 라이브러리에서 사용된다'처럼 실무에서 어떻게 사용되고 있는지를 구체적으로 알려줍니다. 예시 코드로는 자바, 자바스크립트 두 가지의 언어로 구성했고, 코드의 난이도를 최대한 낮추면서도 디자인 패턴을 잘 표현하도록 노력했습니다.

2장
2장에서는 네트워크를 다룹니다. 네트워크의 전반적인 내용을 설명하며 네트워크에서 중요한 IP, HTTP 부분은 따로 빼서 좀 더 자세하게 설명하여 중요한 부분은 깊게, 중요하지 않은 부분은 핵심만 설명합니다.

3장
3장에서는 운영체제를 다룹니다. 운영체제의 핵심 요소 중 하나인 시스템콜이나 커널을 조금 더 쉽게 설명하고자 노력했으며, 프로세스와 스레드를 중심으로 설명합니다.

4장
4장에서는 데이터베이스를 다룹니다. ERD나 트랜잭션, 인덱싱 등 데이터베이스에서의 중요한 부분들을 중점적으로 설명합니다.

5장
5장에서는 자료 구조를 설명합니다. 먼저 시간 복잡도와 공간 복잡도를 설명하여 자료 구조의 기초를 알아보고 큐, 스택 등 필수적인 자료 구조를 전부 다룹니다.

6장
6장에서는 필자의 포트폴리오를 중심으로 포트폴리오를 쓰는 팁과 인성 면접을 준비하는 팁을 알려줍니다.

✔ 예제 소스

이 책의 예제 소스는 다음 URL에서 내려받을 수 있습니다.

- **저자 깃허브**: https://github.com/wnghdcjfe/csnote
- **길벗출판사 깃허브**: https://github.com/gilbutITbook/080326

첫 번째 책을 집필할 때 너무 힘들어 더는 책을 쓰지 않겠다고 다짐했는데, 이렇게 두 번째 책을 집필하네요. (하하)

처음에는 '150쪽 정도 쓰자'고 생각했던 책이 편집자님과 베타 리뷰어분들의 피드백들을 반영하며 300쪽 가까운 책이 되었습니다. 그렇게 CS 전공지식에 관한 부분은 더 탄탄해졌고, 문맥과 글의 짜임새는 조금 더 쉽게 이해할 수 있게 바뀌었습니다.

이 책은 다양한 분야의 다채로운 시각이 담긴 아름다운 작품입니다. GPU 관련 석사학위를 가진 베타 리뷰어는 프로세스와 프로세싱에 관한 조언을, 코드포스 오렌지급의 알고리즘 고수는 데이터베이스에 관한 조언을, 자바를 주로 다루는 백엔드 개발자는 자바 예시 코드를 보곤 더 나은 클린 코드에 대한 조언을 주셨고, 이를 기반으로 하나의 시각을 담은 책이 아닌 다채로운 시각을 담은 책을 만들고자 했습니다. 이 책을 통해 탄탄한 CS 전공지식을 갖춘 훌륭한 개발자가 되길 바랍니다.

이 책의 베타 리뷰어로 참여해주신 저보다 훨씬 더 뛰어난 개발자이신 김건우, 조유빈, 남승원, 최범석, 김찬호, 이성준, 김인범, 이태훈, 이태우, 이승철, 송성빈, 김재엽, 오규영 님께 감사 인사를 드립니다.

그리고 길벗출판사의 안윤경, 박진희, 김윤지, 최주연 님께도 감사드립니다. 빠른 응답 속도, 체계적인 프로세스, 좋은 피드백, 제 의사가 잘 반영된 그림 등 모두 만족스러웠습니다.

마지막으로 항상 제 곁에서 늘 힘이 되어주시는 아버지, 어머니, 형 사랑합니다.

주홍철

1장   디자인 패턴과 프로그래밍 패러다임   **015**

2장   네트워크   **067**

이 책을 만들기까지 총 13명의 개발자

최범석(네이버 리서치 엔지니어), **김찬호**(라인 백엔드 개발자), **이성준**(쿠팡 시니어 소프트웨어 엔지니어), **남승원**(당근마켓 백엔드 개발자), **이태훈**(배달의 민족 백엔드 개발자), **이태우**(휴먼스케이프 CTO), **송성빈**(삼성전자 소프트웨어 엔지니어), **이승철**(NHN 백엔드 개발자), **김인범**(CNCITY 데이터 엔지니어 / MongoDB Korea 운영진), **김재엽**(스타트업 데이터 엔지니어), **김건우**(클래스 101 백엔드 개발자), **조유빈**(이스트소프트 IOS 개발자), **오규영**(한전 KDN 소프트웨어 엔지니어) 님이 도와주셨습니다.

디자인 패턴과
프로그래밍 패러다임

우리가 흔히 프로그래밍할 때 쓰는 React.js, Vue.js, Spring 등 라이브러리나 프레임워크의 기본이 되는 디자인 패턴과 크게 보았을 때 어떠한 방식으로 로직을 구성해야 하는지에 대한 시각이 담겨 있는 프로그래밍 패러다임을 배워 보겠습니다.

용어

— **라이브러리**

공통으로 사용될 수 있는 특정한 기능들을 모듈화한 것을 의미한다. 폴더명, 파일명 등에 대한 규칙이 없고 프레임워크에 비해 자유롭다. 예를 들어 무언가를 자를 때 '도구'인 '가위'를 사용해서 '내가' 직접 컨트롤하여 자르는데, 라이브러리는 이와 비슷하다.

— **프레임워크**

공통으로 사용될 수 있는 특정한 기능들을 모듈화한 것을 의미한다. 폴더명, 파일명 등에 대한 규칙이 있으며 라이브러리에 비해 좀 더 엄격하다. 다른 곳으로 이동할 때 '도구'인 비행기를 타고 이동하지만 '비행기'가 컨트롤하고 나는 가만히 앉아 있어야 한다. 프레임워크는 이와 비슷하다.

1.1 / 디자인 패턴
SECTION

디자인 패턴이란 프로그램을 설계할 때 발생했던 문제점들을 객체 간의 상호 관계 등을 이용하여 해결할 수 있도록 하나의 '규약' 형태로 만들어 놓은 것을 의미합니다.

이 책에서는 다양한 디자인 패턴을 자바스크립트, 자바로 된 코드와 함께 살펴봅니다. 모든 코드는 별도의 프로그램을 설치하지 않고 웹에서 실행할 수 있습니다.

자바스크립트는 다음 링크에서 쉽게 테스팅할 수 있습니다.

- 플레이코드 링크: https://playcode.io/new/

▼ **그림 1-1** 플레이코드

자바는 다음 링크에서 쉽게 테스팅할 수 있습니다.

• 코딩그라운드 링크: https://www.tutorialspoint.com/compile_java_online.php

▼ 그림 1-2 코딩그라운드

```
coddingground   Compile and Execute Java Online (JDK 1.8.0)

 Execute  |  Share   Source File   STDIN                                    Result

1  public class HelloWorld{
2
3      public static void main(String []args){
4          System.out.println("Hello World");
5      }
6  }
```

1.1.1 싱글톤 패턴

싱글톤 패턴(singleton pattern)은 하나의 클래스에 오직 하나의 인스턴스만 가지는 패턴입니다. 하나의 클래스를 기반으로 여러 개의 개별적인 인스턴스를 만들 수 있지만, 그렇게 하지 않고 하나의 클래스를 기반으로 단 하나의 인스턴스를 만들어 이를 기반으로 로직을 만드는 데 쓰이며, 보통 데이터베이스 연결 모듈에 많이 사용합니다.

▼ 그림 1-3 싱글톤 패턴

하나의 인스턴스를 만들어 놓고 해당 인스턴스를 다른 모듈들이 공유하며 사용하기 때문에 인스턴스를 생성할 때 드는 비용이 줄어드는 장점이 있습니다. 하지만 의존성이 높아진다는 단점이 있습니다.

자바스크립트의 싱글톤 패턴

자바스크립트에서는 리터럴 {} 또는 new Object로 객체를 생성하게 되면 다른 어떤 객체와도 같지 않기 때문에 이 자체만으로 싱글톤 패턴을 구현할 수 있습니다.

자바스크립트에서 싱글톤 패턴은 다음과 같이 만들 수 있습니다.[1]

자바스크립트   코드 위치: ch1/1.js

```javascript
const obj = {
    a: 27
}
const obj2 = {
    a: 27
}
console.log(obj === obj2)
// false
```

앞의 코드에서 볼 수 있듯이 obj와 obj2는 다른 인스턴스를 가집니다. 이 또한 new Object라는 클래스에서 나온 단 하나의 인스턴스니 어느 정도 싱글톤 패턴이라 볼 수 있지만, 실제 싱글톤 패턴은 보통 다음과 같은 코드로 구성됩니다.

자바스크립트   코드 위치: ch1/2.js

```javascript
class Singleton {
    constructor() {
        if (!Singleton.instance) {
            Singleton.instance = this
        }
        return Singleton.instance
    }
```

---

1 이 책의 예제 소스는 https://github.com/wnghdcjfe/csnote 또는 https://github.com/gilbutITbook/080326에서 내려받을 수 있습니다.

```
        getInstance() {
            return this
        }
    }
}
const a = new Singleton()
const b = new Singleton()
console.log(a === b) // true
```

앞의 코드는 Singleton.instance라는 하나의 인스턴스를 가지는 Singleton 클래스를 구현한 모습입니다. 이를 통해 a와 b는 하나의 인스턴스를 가집니다.

데이터베이스 연결 모듈

앞서 설명한 싱글톤 패턴은 데이터베이스 연결 모듈에 많이 쓰입니다.

코드 위치: ch1/3.js

자바스크립트

```
const URL = 'mongodb://localhost:27017/kundolapp'
const createConnection = url => ({"url" : url})
class DB {
    constructor(url) {
        if (!DB.instance) {
            DB.instance = createConnection(url)
        }
        return DB.instance
    }
    connect() {
        return this.instance
    }
}
const a = new DB(URL)
const b = new DB(URL)
console.log(a === b) // true
```

이렇게 DB.instance라는 하나의 인스턴스를 기반으로 a, b를 생성하는 것을 볼 수 있습니다. 이를 통해 데이터베이스 연결에 관한 인스턴스 생성 비용을 아낄 수 있습니다.

자바에서의 싱글톤 패턴

자바로는 다음과 같이 중첩 클래스를 이용해서 만드는 방법이 가장 대중적입니다. 더 자세히 알고 싶다면 필자의 유튜브 채널인 '큰돌의 터전 – JAVA로 싱글톤 패턴을 구현하는 7가지 방법' 영상을 참고해주세요.

자바　　　　　　　　　　　　　　　　　　　　　　　코드 위치: ch1/4.java

```java
class Singleton {
    private static class singleInstanceHolder {
        private static final Singleton INSTANCE = new Singleton();
    }
    public static Singleton getInstance() {
        return singleInstanceHolder.INSTANCE;
    }
}

public class HelloWorld {
    public static void main(String[] args) {
        Singleton a = Singleton.getInstance();
        Singleton b = Singleton.getInstance();
        System.out.println(a.hashCode());
        System.out.println(b.hashCode());
        if (a == b) {
         System.out.println(true);
        }
    }
}
/*
705927765
705927765
true
*/
```

mongoose의 싱글톤 패턴

▼ 그림 1-4 MongoDB 로고

실제로 싱글톤 패턴은 Node.js에서 MongoDB 데이터베이스를 연결할 때 쓰는 mongoose 모듈에서 볼 수 있습니다.

mongoose의 데이터베이스를 연결할 때 쓰는 connect()라는 함수는 싱글톤 인스턴스를 반환합니다. 다음은 connect() 함수를 구현할 때 쓰인 실제 코드입니다.

자바스크립트

```javascript
Mongoose.prototype.connect = function(uri, options, callback) {
    const _mongoose = this instanceof Mongoose ? this : mongoose;
    const conn = _mongoose.connection;

    return _mongoose._promiseOrCallback(callback, cb => {
        conn.openUri(uri, options, err => {
            if (err != null) {
                return cb(err);
            }
            return cb(null, _mongoose);
        });
    });
};
```

MySQL의 싱글톤 패턴

▼ **그림 1-5** MySQL 로고

Node.js에서 MySQL 데이터베이스를 연결할 때도 싱글톤 패턴이 쓰입니다.

```javascript
// 메인 모듈
const mysql = require('mysql');
const pool = mysql.createPool({
    connectionLimit: 10,
    host: 'example.org',
    user: 'kundol',
    password: 'secret',
    database: '승철이디비'
});
pool.connect();

// 모듈 A
pool.query(query, function (error, results, fields) {
    if (error) throw error;
    console.log('The solution is: ', results[0].solution);
});

// 모듈 B
pool.query(query, function (error, results, fields) {
    if (error) throw error;
    console.log('The solution is: ', results[0].solution);
});
```

앞의 코드처럼 메인 모듈에서 데이터베이스 연결에 관한 인스턴스를 정의하고 다른 모듈인 A 또는 B에서 해당 인스턴스를 기반으로 쿼리를 보내는 형식으로 쓰입니다.

싱글톤 패턴의 단점

싱글톤 패턴은 TDD(Test Driven Development)를 할 때 걸림돌이 됩니다. TDD를 할 때 단위 테스트를 주로 하는데, 단위 테스트는 테스트가 서로 독립적이어야 하며 테스트를 어떤 순서로든 실행할 수 있어야 합니다.

하지만 싱글톤 패턴은 미리 생성된 하나의 인스턴스를 기반으로 구현하는 패턴이므로 각 테스트마다 '독립적인' 인스턴스를 만들기가 어렵습니다.

의존성 주입

또한, 싱글톤 패턴은 사용하기가 쉽고 굉장히 실용적이지만 모듈 간의 결합을 강하게 만들 수 있다는 단점이 있습니다. 이때 의존성 주입(DI, Dependency Injection)을 통해 모듈 간의 결합을 조금 더 느슨하게 만들어 해결할 수 있습니다.

참고로 의존성이란 종속성이라고도 하며 A가 B에 의존성이 있다는 것은 B의 변경 사항에 대해 A 또한 변해야 된다는 것을 의미합니다.

▼ **그림 1-6** 의존성 주입

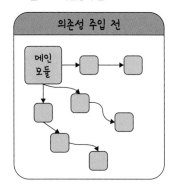 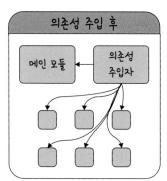

앞의 그림처럼 메인 모듈(main mudule)이 '직접' 다른 하위 모듈에 대한 의존성을 주기보다는 중간에 의존성 주입자(dependency injector)가 이 부분을 가로채 메인 모듈이 '간접'적으로 의존성을 주입하는 방식입니다.

이를 통해 메인 모듈(상위 모듈)은 하위 모듈에 대한 의존성이 떨어지게 됩니다. 참고로 이를 '디커플링이 된다'고도 합니다.

의존성 주입의 장점

모듈들을 쉽게 교체할 수 있는 구조가 되어 테스팅하기 쉽고 마이그레이션하기도 수월합니다. 또한, 구현할 때 추상화 레이어를 넣고 이를 기반으로 구현체를 넣어 주기 때문에 애플리케이션 의존성 방향이 일관되고, 애플리케이션을 쉽게 추론할 수 있으며, 모듈 간의 관계들이 조금 더 명확해집니다.

의존성 주입의 단점

모듈들이 더욱더 분리되므로 클래스 수가 늘어나 복잡성이 증가될 수 있으며 약간의 런타임 페널티가 생기기도 합니다.

의존성 주입 원칙

의존성 주입은 "상위 모듈은 하위 모듈에서 어떠한 것도 가져오지 않아야 합니다. 또한, 둘 다 추상화에 의존해야 하며, 이때 추상화는 세부 사항에 의존하지 말아야 합니다."라는 의존성 주입 원칙을 지켜주면서 만들어야 합니다.

1.1.2 팩토리 패턴

팩토리 패턴(factory pattern)은 객체를 사용하는 코드에서 객체 생성 부분을 떼어내 추상화한 패턴이자 상속 관계에 있는 두 클래스에서 상위 클래스가 중요한 뼈대를 결정하고, 하위 클래스에서 객체 생성에 관한 구체적인 내용을 결정하는 패턴입니다.

상위 클래스와 하위 클래스가 분리되기 때문에 느슨한 결합을 가지며 상위 클래스에서는 인스턴스 생성 방식에 대해 전혀 알 필요가 없기 때문에 더 많은 유연성을 갖게 됩니다. 그리고 객체 생성 로직이 따로 떼어져 있기 때문에 코드를 리팩터링하더라도 한 곳만 고칠 수 있게 되니 유지 보수성이 증가됩니다.

예를 들어 라떼 레시피와 아메리카노 레시피, 우유 레시피라는 구체적인 내용이 들어 있는 하위 클래스가 컨베이어 벨트를 통해 전달되고, 상위 클래스인 바리스타 공장에서 이 레시피들을 토대로 우유 등을 생산하는 생산 공정을 생각하면 됩니다.

▼ 그림 1-7 팩토리 패턴 예시

▼ 그림 1-7 팩토리 패턴 예시

자바스크립트의 팩토리 패턴

자바스크립트에서 팩토리 패턴을 구현한다면 간단하게 new Object( )로 구현할 수 있습니다.

자바스크립트

```
const num = new Object(42)
const str = new Object('abc')
num.constructor.name; // Number
str.constructor.name; // String
```

숫자를 전달하거나 문자열을 전달함에 따라 다른 타입의 객체를 생성하는 것을 볼 수 있습니다. 즉, 전달받은 값에 따라 다른 객체를 생성하며 인스턴스의 타입 등을 정합니다.

커피 팩토리를 기반으로 라떼 등을 생산하는 코드를 구축해보겠습니다.

자바스크립트　　　　　　　　　　　　　　　　　　　　　코드 위치: ch1/5.js

```
class CoffeeFactory {
    static createCoffee(type) {
        const factory = factoryList[type]
        return factory.createCoffee()
    }
}
```

```
class Latte {
    constructor() {
        this.name = "latte"
    }
}
class Espresso {
    constructor() {
        this.name = "Espresso"
    }
}
class LatteFactory extends CoffeeFactory{
    static createCoffee() {
        return new Latte()
    }
}
class EspressoFactory extends CoffeeFactory{
    static createCoffee() {
        return new Espresso()
    }
}
const factoryList = { LatteFactory, EspressoFactory }


const main = () => {
    // 라떼 커피를 주문한다.
    const coffee = CoffeeFactory.createCoffee("LatteFactory")
    // 커피 이름을 부른다.
    console.log(coffee.name) // latte
}
main()
```

CoffeeFactory라는 상위 클래스가 중요한 뼈대를 결정하고 하위 클래스인 LatteFactory 가 구체적인 내용을 결정하고 있습니다.

참고로 이는 의존성 주입이라고도 볼 수 있습니다. CoffeeFactory에서 LatteFactory의 인스턴스를 생성하는 것이 아닌 LatteFactory에서 생성한 인스턴스를 CoffeeFactory에 주입하고 있기 때문이죠.

또한, CoffeeFactory 클래스를 보면 static 키워드를 통해 createCoffee() 메서드를 정적 메서드로 선언한 것을 볼 수 있는데, 이렇게 정적 메서드로 정의하면 클래스를 기반으로 객체를 만들지 않고 호출이 가능하며, 해당 메서드에 대한 메모리 할당을 한 번만 할수 있는 장점이 있습니다.

자바의 팩토리 패턴

이를 자바로 구현하면 다음과 같습니다.

자바 코드 위치: ch1/6.java

```java
enum CoffeeType {
    LATTE,
    ESPRESSO
}

abstract class Coffee {
    protected String name;

    public String getName() {
        return name;
    }
}

class Latte extends Coffee {
    public Latte() {
        name = "latte";
    }
}
```

```java
class Espresso extends Coffee {
    public Espresso() {
        name = "Espresso";
    }
}

class CoffeeFactory {
    public static Coffee createCoffee(CoffeeType type) {
        switch (type) {
            case LATTE:
                return new Latte();
            case ESPRESSO:
                return new Espresso();
            default:
                throw new IllegalArgumentException("Invalid coffee type: "
+ type);
        }
    }
}

public class Main {
    public static void main(String[] args) {
        Coffee coffee = CoffeeFactory.createCoffee(CoffeeType.LATTE);
        System.out.println(coffee.getName()); // latte
    }
}
```

앞의 코드는 CoffeeFactory 밑에 Coffee 클래스를 놓고 해당 클래스를 상속하는 Latte, Espresso 클래스를 기반으로 구현한 모습입니다.

—— **Enum**

상수의 집합을 정의할 때 사용되는 타입이다. 예를 들어 월, 일, 색상 등의 상수 값을 담는다. 자바에서는 Enum
이 다른 언어보다 더 활발히 활용되며, 상수뿐만 아니라 메서드를 집어넣어 관리할 수도 있다. Enum을 기반
으로 상수 집합을 관리한다면 코드를 리팩터링할 때 상수 집합에 대한 로직 수정 시 이 부분만 수정하면 된다는
장점이 있고, 본질적으로 스레드세이프(thread safe)하기 때문에 싱글톤 패턴을 만들 때 도움이 된다. 참고로
Enum으로 만드는 싱글톤 패턴은 필자의 유튜브 채널, '큰돌의 터전 - JAVA로 싱글톤 패턴을 구현하는 7가지
방법' 영상을 참고하세요.

1.1.3 전략 패턴

전략 패턴(strategy pattern)은 정책 패턴(policy pattern)이라고도 하며, 객체의 행위를 바
꾸고 싶은 경우 '직접' 수정하지 않고 전략이라고 부르는 '캡슐화한 알고리즘'을 컨텍스트
안에서 바꿔주면서 상호 교체가 가능하게 만드는 패턴입니다.

▼ **그림 1-8** 전략 패턴

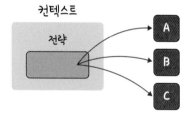

우리가 어떤 것을 살 때 네이버페이, 카카오페이 등 다양한 방법으로 결제하듯이 어떤 아
이템을 살 때 LUNACard로 사는 것과 KAKAOCard로 사는 것을 구현한 예제입니다. 결
제 방식의 '전략'만 바꿔서 두 가지 방식으로 결제하는 것을 구현했습니다.

자바의 전략 패턴

```java
import java.text.DecimalFormat;
import java.util.ArrayList;
import java.util.List;
interface PaymentStrategy {
    public void pay(int amount);
}

class KAKAOCardStrategy implements PaymentStrategy {
    private String name;
    private String cardNumber;
    private String cvv;
    private String dateOfExpiry;

    public KAKAOCardStrategy(String nm, String ccNum, String cvv, String
expiryDate) {
        this.name = nm;
        this.cardNumber = ccNum;
        this.cvv = cvv;
        this.dateOfExpiry = expiryDate;
    }

    @Override
    public void pay(int amount) {
        System.out.println(amount + " paid using KAKAOCard.");
    }
}

class LUNACardStrategy implements PaymentStrategy {
    private String emailId;
    private String password;

    public LUNACardStrategy(String email, String pwd) {
        this.emailId = email;
        this.password = pwd;
    }
```

```
    @Override
    public void pay(int amount) {
        System.out.println(amount + " paid using LUNACard.");
    }
}

class Item {
    private String name;
    private int price;
    public Item(String name, int cost) {
        this.name = name;
        this.price = cost;
    }

    public String getName() {
        return name;
    }

    public int getPrice() {
        return price;
    }
}

class ShoppingCart {
    List<Item> items;

    public ShoppingCart() {
        this.items = new ArrayList<Item>();
    }

    public void addItem(Item item) {
        this.items.add(item);
    }

    public void removeItem(Item item) {
        this.items.remove(item);
    }
```

```java
    public int calculateTotal() {
        int sum = 0;
        for (Item item : items) {
            sum += item.getPrice();
        }
        return sum;
    }

    public void pay(PaymentStrategy paymentMethod) {
        int amount = calculateTotal();
        paymentMethod.pay(amount);
    }
}

public class HelloWorld {
    public static void main(String[] args) {
        ShoppingCart cart = new ShoppingCart();

        Item A = new Item("kundolA", 100);
        Item B = new Item("kundolB", 300);

        cart.addItem(A);
        cart.addItem(B);

        // pay by LUNACard
        cart.pay(new LUNACardStrategy("kundol@example.com","pukubababo"));

        // pay by KAKAOCard
        cart.pay(new KAKAOCardStrategy("Ju hongchul",
"123456789","123","12/01"));
    }
}
/*
400 paid using LUNACard.
400 paid using KAKAOCard.
*/
```

앞의 코드는 쇼핑 카트에 아이템을 담아 LUNACard 또는 KAKAOCard라는 두 개의 전략으로 결제하는 코드입니다.

> **용어**
>
> ── **컨텍스트**
>
> 프로그래밍에서의 컨텍스트는 상황, 맥락, 문맥을 의미하며 개발자가 어떠한 작업을 완료하는 데 필요한 모든 관련 정보를 말한다.

passport의 전략 패턴

전략 패턴을 활용한 라이브러리로는 passport가 있습니다.

▼ **그림 1-9** passport 홈페이지

passport는 Node.js에서 인증 모듈을 구현할 때 쓰는 미들웨어 라이브러리로, 여러 가지 '전략'을 기반으로 인증할 수 있게 합니다. 서비스 내의 회원가입된 아이디와 비밀번호를 기반으로 인증하는 LocalStrategy 전략과 페이스북, 네이버 등 다른 서비스를 기반으로 인증하는 OAuth 전략 등을 지원합니다.

다음 코드처럼 '전략'만 바꿔서 인증하는 것을 볼 수 있습니다.

```javascript
var passport = require('passport')
    , LocalStrategy = require('passport-local').Strategy;

passport.use(new LocalStrategy(
    function(username, password, done) {
        User.findOne({ username: username }, function (err, user) {
          if (err) { return done(err); }
            if (!user) {
                return done(null, false, { message: 'Incorrect username.'
});
            }
            if (!user.validPassword(password)) {
                return done(null, false, { message: 'Incorrect password.'
});
            }
            return done(null, user);
        });
    }
));
```

passport.use(new LocalStrategy(...처럼 passport.use()라는 메서드에 '전략'을 매개
변수로 넣어서 로직을 수행하는 것을 볼 수 있습니다.

1.1.4 옵저버 패턴

옵저버 패턴(observer pattern)은 주체가 어떤 객체(subject)의 상태 변화를 관찰하다가 상
태 변화가 있을 때마다 메서드 등을 통해 옵저버 목록에 있는 옵저버들에게 변화를 알려
주는 디자인 패턴입니다.

여기서 주체란 객체의 상태 변화를 보고 있는 관찰자이며, 옵저버들이란 이 객체의 상태 변화에 따라 전달되는 메서드 등을 기반으로 '추가 변화 사항'이 생기는 객체들을 의미합니다.

▼ **그림 1-11** 객체와 주체가 합쳐진 옵저버 패턴

또한, 앞의 그림처럼 주체와 객체를 따로 두지 않고 상태가 변경되는 객체를 기반으로 구축하기도 합니다.

옵저버 패턴을 활용한 서비스로는 트위터가 있습니다.

▼ 그림 1-12 트위터의 옵저버 패턴

앞의 그림처럼 내가 어떤 사람인 주체를 '팔로우'했다면 주체가 포스팅을 올리게 되면 알림이 '팔로워'에게 가야겠죠?

▼ 그림 1-13 옵저버 패턴 구조

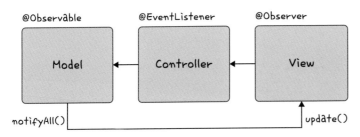

또한, 옵저버 패턴은 주로 이벤트 기반 시스템에 사용하며 MVC(Model−View−Controller) 패턴에도 사용됩니다.

예를 들어 주체라고 볼 수 있는 모델(model)에서 변경 사항이 생겨 update() 메서드로 옵저버인 뷰에 알려주고 이를 기반으로 컨트롤러(controller) 등이 작동하는 것이죠.

자바에서의 옵저버 패턴

자바

```java
import java.util.ArrayList;
import java.util.List;

interface Subject {
    public void register(Observer obj);
    public void unregister(Observer obj);
    public void notifyObservers();
    public Object getUpdate(Observer obj);
}

interface Observer {
    public void update();
}

class Topic implements Subject {
    private List<Observer> observers;
    private String message;

    public Topic() {
        this.observers = new ArrayList<>();
        this.message = "";
    }

    @Override
    public void register(Observer obj) {
        if (!observers.contains(obj)) observers.add(obj);
    }

    @Override
    public void unregister(Observer obj) {
        observers.remove(obj);
    }

    @Override
    public void notifyObservers() {
```

```java
            this.observers.forEach(Observer::update);
    }

    @Override
    public Object getUpdate(Observer obj) {
        return this.message;
    }

    public void postMessage(String msg) {
        System.out.println("Message sended to Topic: " + msg);
        this.message = msg;
        notifyObservers();
    }
}

class TopicSubscriber implements Observer {
    private String name;
    private Subject topic;

    public TopicSubscriber(String name, Subject topic) {
        this.name = name;
        this.topic = topic;
    }

    @Override
    public void update() {
        String msg = (String) topic.getUpdate(this);
        System.out.println(name + ":: got message >> " + msg);
    }
}

public class HelloWorld {
    public static void main(String[] args) {
        Topic topic = new Topic();
        Observer a = new TopicSubscriber("a", topic);
        Observer b = new TopicSubscriber("b", topic);
        Observer c = new TopicSubscriber("c", topic);
        topic.register(a);
```

```
        topic.register(b);
        topic.register(c);

        topic.postMessage("amumu is op champion!!");
    }
}
/*
Message sended to Topic: amumu is op champion!!
a:: got message >> amumu is op champion!!
b:: got message >> amumu is op champion!!
c:: got message >> amumu is op champion!!
*/
```

topic을 기반으로 옵저버 패턴을 구현했습니다. 여기서 topic은 주체이자 객체가 됩니다. class Topic implements Subject를 통해 Subject interface를 구현했고 Observer a = new TopicSubscriber("a", topic);으로 옵저버를 선언할 때 해당 이름과 어떠한 토픽의 옵저버가 될 것인지를 정했습니다.

자바: 상속과 구현

잠시 앞의 코드에 나온 implements 등 자바의 상속과 구현의 특징과 차이에 대해 알아보 겠습니다.

상속

상속(extends)은 자식 클래스가 부모 클래스의 메서드 등을 상속받아 사용하며 자식 클래스에서 추가 및 확장을 할 수 있는 것을 말합니다. 이로 인해 재사용성, 중복성의 최소화가 이루어집니다.

구현

구현(implements)은 부모 인터페이스(interface)를 자식 클래스에서 재정의하여 구현하는 것을 말하며, 상속과는 달리 반드시 부모 클래스의 메서드를 재정의하여 구현해야 합니다.

상속과 구현의 차이

상속은 일반 클래스, abstract 클래스를 기반으로 구현하며, 구현은 인터페이스를 기반으로 구현합니다.

자바스크립트에서의 옵저버 패턴

자바스크립트에서의 옵저버 패턴은 프록시 객체를 통해 구현할 수도 있습니다.

프록시 객체

프록시(proxy) 객체는 어떠한 대상의 기본적인 동작(속성 접근, 할당, 순회, 열거, 함수 호출 등)의 작업을 가로챌 수 있는 객체를 뜻하며, 자바스크립트에서 프록시 객체는 두 개의 매개변수를 가집니다.

- **target**: 프록시할 대상
- **handler**: target 동작을 가로채고 어떠한 동작을 할 것인지가 설정되어 있는 함수

다음은 프록시 객체를 구현한 코드입니다.

자바스크립트

```javascript
const handler = {
    get: function(target, name) {
        return name === 'name' ? `${target.a} ${target.b}` : target[name]
    }
}
const p = new Proxy({a: 'KUNDOL', b: 'IS AUMUMU ZANGIN'}, handler)
console.log(p.name) // KUNDOL IS AUMUMU ZANGIN
```

new Proxy()로 a와 b 속성을 가지고 있는 객체와 handler 함수를 매개변수로 넣고 p라는 변수를 선언했습니다. 이후 p의 name 속성을 참조하니 a와 b라는 속성밖에 없는 객체가 handler의 "name이라는 속성에 접근할 때 a와 b를 합쳐서 문자열을 만들라"는 로직에 따라 어떤 문자열을 만듭니다. 이렇게 name 속성 등 특정 속성에 접근할 때 그 부분을 가로채서 어떠한 로직을 강제할 수 있는 것이 프록시 객체입니다.

프록시 객체를 이용한 옵저버 패턴

그렇다면 자바스크립트의 프록시 객체를 통해 옵저버 패턴을 구현해보겠습니다.

코드 위치: ch1/10.js

```javascript
function createReactiveObject(target, callback) {
    const proxy = new Proxy(target, {
        set(obj, prop, value) {
            if (value !== obj[prop]) {
                const prev = obj[prop]
                obj[prop] = value
                callback(`${prop}가 [${prev}] >> [${value}] 로 변경되었습니다. `)
            }
            return true
        }
    })
    return proxy
}
const a = {
    "형규" : "솔로"
}
const b = createReactiveObject(a, console.log)
b.형규 = "솔로"
b.형규 = "커플"
// 형규가 [솔로] >> [커플] 로 변경되었습니다.
```

프록시 객체의 get() 함수는 속성과 함수에 대한 접근을 가로채며, has() 함수는 in 연산자의 사용을 가로챕니다. set() 함수는 속성에 대한 접근을 가로챕니다. set() 함수를 통해 속성에 대한 접근을 "가로채"서 형규라는 속성이 솔로에서 커플로 되는 것을 감시할 수 있었습니다.

Vue.js 3.0의 옵저버 패턴

▼ 그림 1-14 Vue.js 공식 사이트

프런트엔드에서 많이 쓰는 프레임워크 Vue.js 3.0에서 ref나 reactive로 정의하면 해당 값이 변경되었을 때 자동으로 DOM에 있는 값이 변경되는데, 이는 앞서 설명한 프록시 객체를 이용한 옵저버 패턴을 이용하여 구현한 것입니다.

> **용어**
>
> —— **DOM(Document Object Model)**
> 문서 객체 모델을 말하며, 웹 브라우저상의 화면을 이루고 있는 요소들을 지칭한다.

자바스크립트

```
function createReactiveObject(
    target: Target,
    isReadonly: boolean,
    baseHandlers: ProxyHandler<any>,
    collectionHandlers: ProxyHandler<any>,
    proxyMap: WeakMap<Target, any>
) {
    if (!isObject(target)) {
        if (__DEV__) {
            console.warn(`value cannot be made reactive: ${String(target)}`)
        }
        return target
    }
    // target is already a Proxy, return it.
    // exception: calling readonly() on a reactive object
    if (
        target[ReactiveFlags.RAW] &&
        !(isReadonly && target[ReactiveFlags.IS_REACTIVE])
```

```
    ) {
        return target
    }
    // target already has corresponding Proxy
    const existingProxy = proxyMap.get(target)
    if (existingProxy) {
        return existingProxy
    }
    // only a whitelist of value types can be observed.
    const targetType = getTargetType(target)
    if (targetType === TargetType.INVALID) {
        return target
    }
    const proxy = new Proxy(
        target,
        targetType === TargetType.COLLECTION ? collectionHandlers :
baseHandlers
    )
    proxyMap.set(target, proxy)
    return proxy
}
```

앞의 코드는 실제로 Vue.js 3.0의 옵저버 패턴이 담긴 코드입니다. proxyMap이라는 프록시 객체를 사용했고, 객체 내부의 get(), set() 메서드를 사용한 것을 볼 수 있습니다.

1.1.5 프록시 패턴과 프록시 서버

앞서 설명한 프록시 객체는 사실 디자인 패턴 중 하나인 프록시 패턴이 녹아들어 있는 객체입니다.

프록시 패턴

프록시 패턴(proxy pattern)은 대상 객체(subject)에 접근하기 전 그 접근에 대한 흐름을 가로채 해당 접근을 필터링하거나 수정하는 등의 역할을 하는 계층이 있는 디자인 패턴입니다.

▼ 그림 1-15 프록시 패턴

이를 통해 객체의 속성, 변환 등을 보완하며 보안, 데이터 검증, 캐싱, 로깅에 사용합니다. 이는 앞서 설명한 프록시 객체로 쓰이기도 하지만 프록시 서버로도 활용됩니다.

> **용어**
>
> ── **프록시 서버에서의 캐싱**
>
> 캐시 안에 정보를 담아두고, 캐시 안에 있는 정보를 요구하는 요청에 대해 다시 저 멀리 있는 원격 서버에 요청하지 않고 캐시 안에 있는 데이터를 활용하는 것을 말한다. 이를 통해 불필요하게 외부와 연결하지 않기 때문에 트래픽을 줄일 수 있다는 장점이 있다.

프록시 서버

프록시 서버(proxy server)는 서버와 클라이언트 사이에서 클라이언트가 자신을 통해 다른 네트워크 서비스에 간접적으로 접속할 수 있게 해주는 컴퓨터 시스템이나 응용 프로그램을 가리킵니다.

프록시 서버로 쓰는 nginx

nginx는 비동기 이벤트 기반의 구조와 다수의 연결을 효과적으로 처리 가능한 웹 서버이며, 주로 Node.js 서버 앞단의 프록시 서버로 활용됩니다.

Node.js의 창시자 라이언 달(Ryan Dahl)은 다음과 같이 말했습니다.

"You just may be hacked when some yet-unknown buffer overflow is discovered. Not that couldn't happen behind nginx, but somehow having a proxy in front makes me happy."

"Node.js의 버퍼 오버플로우 취약점을 예방하기 위해서는 nginx를 프록시 서버로 앞단에 놓고 Node.js를 뒤쪽에 놓는 것이 좋다."라고 한 것입니다.

이러한 말은 Node.js 서버를 운영할 때 교과서처럼 참고되어 많은 사람이 이렇게 구축하고 있습니다. Node.js 서버를 구축할 때 앞단에 nginx를 두는 것이죠. 이를 통해 익명 사용자가 직접적으로 서버에 접근하는 것을 차단하고, 간접적으로 한 단계를 더 거치게 만들어서 보안을 강화할 수 있습니다.

▼ 그림 1-17 nginx를 이용한 프록시 서버

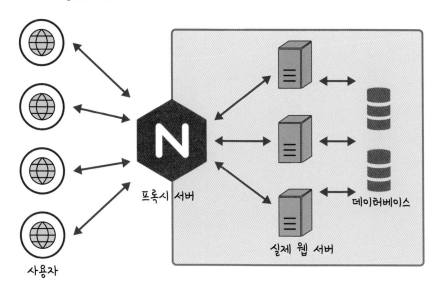

앞의 그림처럼 nginx를 프록시 서버로 둬서 실제 포트를 숨길 수 있고 정적 자원을 gzip 압축하거나, 메인 서버 앞단에서의 로깅을 할 수도 있습니다.

용어

— 버퍼 오버플로우

버퍼는 보통 데이터가 저장되는 메모리 공간으로, 메모리 공간을 벗어나는 경우를 말한다. 이때 사용되지 않아야 할 영역에 데이터가 덮어씌워져 주소, 값을 바꾸는 공격이 발생하기도 한다.

— gzip 압축

LZ77과 Huffman 코딩의 조합인 DEFLATE 알고리즘을 기반으로 한 압축 기술이다. gzip 압축을 하면 데이터 전송량을 줄일 수 있지만, 압축을 해제했을 때 서버에서의 CPU 오버헤드도 생각해서 gzip 압축 사용 유무를 결정해야 한다.

프록시 서버로 쓰는 CloudFlare

CloudFlare는 전 세계적으로 분산된 서버가 있고 이를 통해 어떠한 시스템의 콘텐츠 전달을 빠르게 할 수 있는 CDN 서비스입니다.

▼ **그림 1-18** CloudFlare 로고

CloudFlare는 웹 서버 앞단에 프록시 서버로 두어 DDOS 공격 방어나 HTTPS 구축에 쓰입니다.

또한, 서비스를 배포한 이후에 해외에서 무언가 의심스러운 트래픽이 많이 발생하면 이 때문에 많은 클라우드 서비스 비용이 발생할 수도 있는데, 이때 CloudFlare가 의심스러운 트래픽인지를 먼저 판단해 CAPTCHA 등을 기반으로 이를 일정 부분 막아주는 역할도 수행합니다.

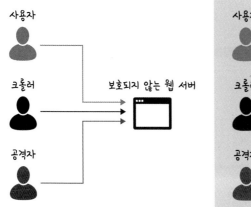
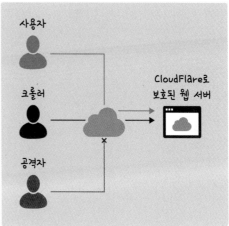

앞의 그림처럼 사용자, 크롤러, 공격자가 자신의 웹 사이트에 접속하게 될 텐데, 이때 CloudFlare를 통해 공격자로부터 보호할 수 있습니다.

DDOS 공격 방어

DDOS는 짧은 기간 동안 네트워크에 많은 요청을 보내 네트워크를 마비시켜 웹 사이트의 가용성을 방해하는 사이버 공격 유형입니다. CloudFlare는 의심스러운 트래픽, 특히 사용자가 접속하는 것이 아닌 시스템을 통해 오는 트래픽을 자동으로 차단해서 DDOS 공격으로부터 보호합니다. CloudFlare의 거대한 네트워크 용량과 캐싱 전략으로 소규모 DDOS 공격은 쉽게 막아낼 수 있으며 이러한 공격에 대한 방화벽 대시보드도 제공합니다.

HTTPS 구축

서버에서 HTTPS를 구축할 때 인증서를 기반으로 구축할 수도 있습니다. 하지만 CloudFlare를 사용하면 별도의 인증서 설치 없이 좀 더 손쉽게 HTTPS를 구축할 수 있습니다.

— **CDN(Content Delivery Network)**

각 사용자가 인터넷에 접속하는 곳과 가까운 곳에서 콘텐츠를 캐싱 또는 배포하는 서버 네트워크를 말한다. 이를 통해 사용자가 웹 서버로부터 콘텐츠를 다운로드하는 시간을 줄일 수 있다.

CORS와 프런트엔드의 프록시 서버

CORS(Cross-Origin Resource Sharing)는 서버가 웹 브라우저에서 리소스를 로드할 때 다른 오리진을 통해 로드하지 못하게 하는 HTTP 헤더 기반 메커니즘입니다.

▼ 그림 1-20 프록시 서버를 이용하기 전

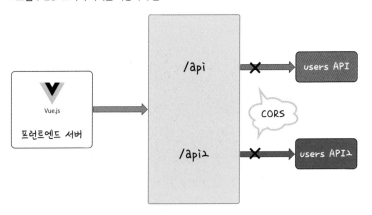

프런트엔드 개발 시 프런트엔드 서버를 만들어서 백엔드 서버와 통신할 때 주로 CORS 에러를 마주치는데, 이를 해결하기 위해 프런트엔드에서 프록시 서버를 만들기도 합니다.

— **오리진**

프로토콜과 호스트 이름, 포트의 조합을 말한다. 예를 들어 https://kundol.com:12010/test라는 주소에서 오리진은 https://kundol.com:12010을 뜻한다.

예를 들어 프런트엔드에서는 127.0.0.1:3000으로 테스팅을 하는데 백엔드 서버는 127.0.0.1:12010이라면 포트 번호가 다르기 때문에 CORS 에러가 나타납니다. 이때 프록시 서버를 둬서 프런트엔드 서버에서 요청되는 오리진을 127.0.0.1:12010으로 바꾸는 것이죠.

참고로 127.0.0.1이란 루프백(loopback) IP로, 본인 PC 서버의 IP를 뜻합니다. localhost나 127.0.0.1을 주소창에 입력하면 DNS를 거치지 않고 바로 본인 PC 서버로 연결됩니다.

▼ 그림 1-21 프록시 서버 이용 후

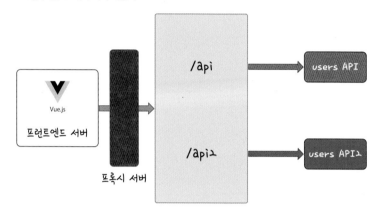

앞의 그림처럼 프런트엔드 서버 앞단에 프록시 서버를 놓아 /api 요청은 users API, /api2 요청은 users API2에 요청할 수 있습니다. 자연스레 CORS 에러 해결은 물론이며 다양한 API 서버와의 통신도 매끄럽게 할 수 있는 것이죠.

CORS에 대한 자세한 설명은 필자의 유튜브 채널, '큰돌의 터전 – CORS' 영상을 참고하세요.

1.1.6 이터레이터 패턴

이터레이터 패턴(iterator pattern)은 이터레이터(iterator)를 사용하여 컬렉션(collection)의 요소들에 접근하는 디자인 패턴입니다. 이를 통해 순회할 수 있는 여러 가지 자료형의 구조와는 상관없이 이터레이터라는 하나의 인터페이스로 순회가 가능합니다.

앞의 그림은 이터레이터라는 똑같은 배로, 동그라미로 이루어진 컬렉션이든 마름모로 이루어진 컬렉션이든 순회할 수 있는 것을 보여줍니다.

자바스크립트에서의 이터레이터 패턴

자바스크립트

코드 위치: ch1/11.js

```javascript
const mp = new Map()
mp.set('a', 1)
mp.set('b', 2)
mp.set('c', 3)
const st = new Set()
st.add(1)
st.add(2)
st.add(3)
for (let a of mp) console.log(a)
for (let a of st) console.log(a)
/*
[ 'a', 1 ]
[ 'b', 2 ]
```

```
[ 'c', 3 ]
1
2
3
*/
```

분명히 다른 자료 구조인 set과 map임에도 똑같은 `for a of b`라는 이터레이터 프로토콜을 통해 순회하는 것을 볼 수 있습니다.

1.1.7 노출모듈 패턴

노출모듈 패턴(revealing module pattern)은 즉시 실행 함수를 통해 private, public 같은 접근 제어자를 만드는 패턴을 말합니다. 자바스크립트는 private나 public 같은 접근 제어자가 존재하지 않고 전역 범위에서 스크립트가 실행됩니다. 그렇기 때문에 노출모듈 패턴을 통해 private와 public 접근 제어자를 구현하기도 합니다.

자바스크립트   코드 위치: ch1/12.js

```javascript
const pukuba = (() => {
    const a = 1
    const b = () => 2
    const public = {
        c : 2,
        d : () => 3
    }
```

```
    return public
})()
console.log(pukuba)
console.log(pukuba.a)
// { c: 2, d: [Function: d] }
// undefined
```

a와 b는 다른 모듈에서 사용할 수 없는 변수나 함수이며 private 범위를 가집니다. c와 d는 다른 모듈에서 사용할 수 있는 변수나 함수이며 public 범위를 가집니다. 참고로 앞서 설명한 노출모듈 패턴을 기반으로 만든 자바스크립트 모듈 방식으로는 CJS(CommonJS) 모듈 방식이 있습니다.

> **용어**
>
> ── **public**
> 클래스에 정의된 함수에서 접근 가능하며 자식 클래스와 외부 클래스에서 접근 가능한 범위
>
> ── **protected**
> 클래스에 정의된 함수에서 접근 가능, 자식 클래스에서 접근 가능하지만 외부 클래스에서 접근 불가능한 범위
>
> ── **private**
> 클래스에 정의된 함수에서 접근 가능하지만 자식 클래스와 외부 클래스에서 접근 불가능한 범위
>
> ── **즉시 실행 함수**
> 함수를 정의하자마자 바로 호출하는 함수. 초기화 코드, 라이브러리 내 전역 변수의 충돌 방지 등에 사용한다.

1.1.8 MVC 패턴

MVC 패턴은 모델(Model), 뷰(View), 컨트롤러(Controller)로 이루어진 디자인 패턴입니다.

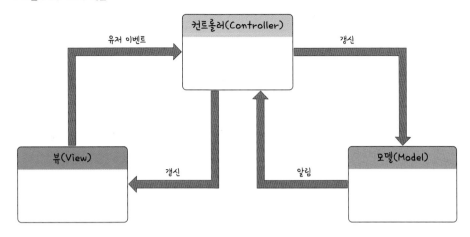

▼ 그림 1-23 MVC 패턴

애플리케이션의 구성 요소를 세 가지 역할로 구분하여 개발 프로세스에서 각각의 구성 요소에만 집중해서 개발할 수 있습니다. 재사용성과 확장성이 용이하다는 장점이 있고, 애플리케이션이 복잡해질수록 모델과 뷰의 관계가 복잡해지는 단점이 있습니다.

모델

모델(model)은 애플리케이션의 데이터인 데이터베이스, 상수, 변수 등을 뜻합니다.

예를 들어 사각형 모양의 박스 안에 글자가 들어 있다면 그 사각형 모양의 박스 위치 정보, 글자 내용, 글자 위치, 글자 포맷(utf-8 등)에 관한 정보를 모두 가지고 있어야 합니다. 뷰에서 데이터를 생성하거나 수정하면 컨트롤러를 통해 모델을 생성하거나 갱신합니다.

뷰

뷰(view)는 inputbox, checkbox, textarea 등 사용자 인터페이스 요소를 나타냅니다. 즉, 모델을 기반으로 사용자가 볼 수 있는 화면을 뜻합니다. 모델이 가지고 있는 정보를 따로 저장하지 않아야 하며 단순히 사각형 모양 등 화면에 표시하는 정보만 가지고 있어야 합니다.

또한, 변경이 일어나면 컨트롤러에 이를 전달해야 합니다.

컨트롤러

컨트롤러(controller)는 하나 이상의 모델과 하나 이상의 뷰를 잇는 다리 역할을 하며 이벤트 등 메인 로직을 담당합니다. 또한, 모델과 뷰의 생명주기도 관리하며, 모델이나 뷰의 변경 통지를 받으면 이를 해석하여 각각의 구성 요소에 해당 내용에 대해 알려줍니다.

MVC 패턴의 예 스프링

MVC 패턴을 이용한 대표적인 프레임워크로는 자바 플랫폼을 위한 오픈 소스 애플리케이션 프레임워크인 스프링(Spring)이 있습니다.

▼ **그림 1-24** 스프링 로고

스프링의 WEB MVC는 웹 서비스를 구축하는 데 편리한 기능들을 많이 제공합니다. 예를 들어 @RequestParam, @RequestHeader, @PathVariable 등의 애너테이션을 기반으로 사용자의 요청 값들을 쉽게 분석할 수 있으며 사용자의 어떠한 요청이 유효한 요청인지를 쉽게 거를 수 있습니다. 예를 들어 숫자를 입력해야 하는데 문자를 입력하는 사례 같은 것 말이죠. 또한 재사용 가능한 코드, 테스트, 쉽게 리디렉션할 수 있게 하는 등의 장점이 있습니다.

스프링에 대한 자세한 설명은 필자의 유튜브 채널, '큰돌의 터전 – Spring과 MVC 패턴' 영상을 참고하세요.

1.1.9 MVP 패턴

MVP 패턴은 MVC 패턴으로부터 파생되었으며 MVC에서 C에 해당하는 컨트롤러가 프레젠터(presenter)로 교체된 패턴입니다.

▼ **그림 1-25** MVP 패턴

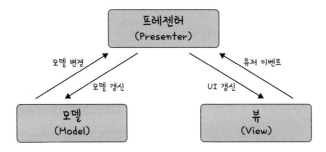

뷰와 프레젠터는 일대일 관계이기 때문에 MVC 패턴보다 더 강한 결합을 지닌 디자인 패턴이라고 볼 수 있습니다.

1.1.10 MVVM 패턴

MVVM 패턴은 MVC의 C에 해당하는 컨트롤러가 뷰모델(view model)로 바뀐 패턴입니다.

▼ **그림 1-26** MVVM 패턴

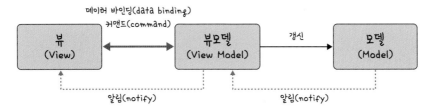

여기서 뷰모델은 뷰를 더 추상화한 계층이며, MVVM 패턴은 MVC 패턴과는 다르게 커맨드와 데이터 바인딩을 가지는 것이 특징입니다. 뷰와 뷰모델 사이의 양방향 데이터 바인딩을 지원하며 UI를 별도의 코드 수정 없이 재사용할 수 있고 단위 테스팅하기 쉽다는 장점이 있습니다.

MVVM 패턴의 예: 뷰

MVVM 패턴을 가진 대표적인 프레임워크로는 뷰(Vue.js)가 있습니다. Vue.js는 반응형(reactivity)이 특징인 프런트엔드 프레임워크입니다. 예를 들어 watch와 computed 등으로 쉽게 반응형적인 값들을 구축할 수 있습니다.

함수를 사용하지 않고 값 대입만으로도 변수가 변경되며 양방향 바인딩, html을 토대로 컴포넌트를 구축할 수 있다는 점이 특징입니다. 재사용 가능한 컴포넌트 기반으로 UI를 구축할 수 있으며 BMW, 구글, 루이비통 등에서 사용합니다.

> **용어**
>
> — **커맨드**
> 여러 가지 요소에 대한 처리를 하나의 액션으로 처리할 수 있게 하는 기법이다.
>
> — **데이터 바인딩**
> 화면에 보이는 데이터와 웹 브라우저의 메모리 데이터를 일치시키는 기법으로, 뷰모델을 변경하면 뷰가 변경된다.

1.2 / 프로그래밍 패러다임
SECTION

프로그래밍 패러다임(programming paradigm)은 프로그래머에게 프로그래밍의 관점을 갖게 해주는 역할을 하는 개발 방법론입니다.

예를 들어 객체지향 프로그래밍은 프로그래머들이 프로그램을 상호 작용하는 객체들의 집합으로 볼 수 있게 하는 반면에, 함수형 프로그래밍은 상태 값을 지니지 않는 함수 값들의 연속으로 생각할 수 있게 해줍니다.

어떤 언어는 특정한 패러다임을 지원하기도 하는데, jdk 1.8 이전의 자바는 객체지향 프로그래밍을 지원하는 반면에, 하스켈은 함수형 프로그래밍을 지원합니다. 여러 패러다임을 지원하는 언어로는 C++, 파이썬, 자바스크립트가 있으며 자바의 경우 jdk 1.8부터 함수형 프로그래밍 패러다임을 지원하기 위해 람다식, 생성자 레퍼런스, 메서드 레퍼런스를 도입했고 선언형 프로그래밍을 위해 스트림(stream) 같은 표준 API 등도 추가했습니다.

프로그래밍 패러다임은 크게 선언형, 명령형으로 나누며, 선언형은 함수형이라는 하위 집합을 갖습니다. 또한, 명령형은 다시 객체지향, 절차지향으로 나눕니다.

▼ 그림 1-27 프로그래밍 패러다임의 분류

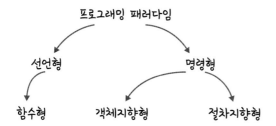

1.2.1 선언형과 함수형 프로그래밍

선언형 프로그래밍(declarative programming)이란 '무엇을' 풀어내는가에 집중하는 패러다임이며, "프로그램은 함수로 이루어진 것이다."라는 명제가 담겨 있는 패러다임이기도 합니다. 함수형 프로그래밍(functional programming)은 선언형 패러다임의 일종입니다. 지금부터 함수형 프로그래밍에 대해 알아보겠습니다.

예를 들어 자연수로 이루어진 배열에서 최댓값을 찾으라고 한다면 다음과 같이 로직을 구성합니다.

자바스크립트　　　　　　　　　　　　　　　　　　　코드 위치: ch1/13.js

```javascript
const list = [1, 2, 3, 4, 5, 11, 12]
const ret = list.reduce((max, num) => num > max ? num : max, 0)
console.log(ret) // 12
```

앞의 코드에서 reduce( )는 '배열'만 받아서 누적한 결괏값을 반환하는 순수 함수입니다.

함수형 프로그래밍은 이와 같은 작은 '순수 함수'들을 블록처럼 쌓아 로직을 구현하고 '고차 함수'를 통해 재사용성을 높인 프로그래밍 패러다임입니다. 자바스크립트는 단순하고 유연한 언어이며, 함수가 일급 객체이기 때문에 객체지향 프로그래밍보다는 함수형 프로그래밍 방식이 선호됩니다.

순수 함수

출력이 입력에만 의존하는 것을 의미합니다.

자바스크립트

```javascript
const pure = (a, b) => {
    return a + b
}
```

pure 함수는 들어오는 매개변수 a, b에만 영향을 받습니다. 만약 a, b 말고 다른 전역 변수 c 등이 이 출력에 영향을 주면 순수 함수가 아닙니다.

고차 함수

고차 함수란 함수가 함수를 값처럼 매개변수로 받아 로직을 생성할 수 있는 것을 말합니다.

일급 객체

이때 고차 함수를 쓰기 위해서는 해당 언어가 일급 객체라는 특징을 가져야 하며 그 특징은 다음과 같습니다.

- 변수나 메서드에 함수를 할당할 수 있습니다.
- 함수 안에 함수를 매개변수로 담을 수 있습니다.
- 함수가 함수를 반환할 수 있습니다.

참고로 함수형 프로그래밍은 이외에도 커링, 불변성 등 많은 특징이 있습니다. 함수형 프로그래밍의 심화, 응용 사례 등을 자세히 알고 싶다면 〈실시간 모니터링 시스템을 만들며 정복하는 MEVN〉(BJ퍼블릭, 2021)을 읽는 것을 추천합니다.

1.2.2 객체지향 프로그래밍

객체지향 프로그래밍(OOP, Object-Oriented Programming)은 객체들의 집합으로 프로그램의 상호 작용을 표현하며 데이터를 객체로 취급하여 객체 내부에 선언된 메서드를 활용하는 방식을 말합니다. 설계에 많은 시간이 소요되며 처리 속도가 다른 프로그래밍 패러다임에 비해 상대적으로 느립니다.

예를 들어 자연수로 이루어진 배열에서 최댓값을 찾으려고 한다면 다음과 같이 로직을 구성합니다.

자바스크립트　　　　　　　　　　　　　　　　　　　　　　　코드 위치: ch1/14.js

```javascript
const ret = [1, 2, 3, 4, 5, 11, 12]
class List {
    constructor(list) {
        this.list = list
        this.mx = list.reduce((max, num) => num > max ? num : max, 0)
    }
    getMax() {
        return this.mx
    }
}
const a = new List(ret)
console.log(a.getMax()) // 12
```

클래스 List의 메서드 getMax()로 list의 최댓값을 반환하는 예제입니다.

객체지향 프로그래밍의 특징

객체지향 프로그래밍은 추상화, 캡슐화, 상속성, 다형성이라는 특징이 있습니다.

추상화

추상화(abstraction)란 복잡한 시스템으로부터 핵심적인 개념 또는 기능을 간추려내는 것을 의미합니다. 예를 들어 필자의 후배 종화에게는 군인, 장교, 키180, 여친있음, 안경씀,

축구못함, 롤마스터티어 등의 특징이 있습니다. 이러한 특징 중에서 코드로 나타낼 때 일부분의 특징인 군인, 장교만 뽑아내거나 조금 더 간추려서 나타내는 것을 말합니다.

캡슐화

캡슐화(encapsulation)는 객체의 속성과 메서드를 하나로 묶고 일부를 외부에 감추어 은닉하는 것을 말합니다.

상속성

상속성(inheritance)은 상위 클래스의 특성을 하위 클래스가 이어받아서 재사용하거나 추가, 확장하는 것을 말합니다. 코드의 재사용 측면, 계층적인 관계 생성, 유지 보수성 측면에서 중요합니다.

다형성

다형성(polymorphism)은 하나의 메서드나 클래스가 다양한 방법으로 동작하는 것을 말합니다. 대표적으로 오버로딩, 오버라이딩이 있습니다.

오버로딩

오버로딩(overloading)은 같은 이름을 가진 메서드를 여러 개 두는 것을 말합니다. 메서드의 타입, 매개변수의 유형, 개수 등으로 여러 개를 둘 수 있으며 컴파일 중에 발생하는 '정적' 다형성입니다.

자바   코드 위치: ch1/15.java

```java
class Person {

    public void eat(String a) {
        System.out.println("I eat " + a);
    }

    public void eat(String a, String b) {
        System.out.println("I eat " + a + " and " + b);
    }
}
```

```java
public class CalculateArea {

    public static void main(String[] args) {
        Person a = new Person();
        a.eat("apple");
        a.eat("tomato", "phodo");
    }
}
/*
I eat apple
I eat tomato and phodo
*/
```

앞의 코드를 보면 매개변수의 개수에 따라 다른 함수가 호출되는 것을 알 수 있습니다.

오버라이딩

오버라이딩(overriding)은 주로 메서드 오버라이딩(method overriding)을 말하며 상위 클래스로부터 상속받은 메서드를 하위 클래스가 재정의하는 것을 의미합니다.

이는 런타임 중에 발생하는 '동적' 다형성입니다.

자바

코드 위치: ch1/16.java

```java
class Animal {
    public void bark() {
        System.out.println("mumu! mumu!");
    }
}

class Dog extends Animal {
    @Override
    public void bark() {
        System.out.println("wal!!! wal!!!");
    }
}

public class Main {
```

```
    public static void main(String[] args) {
        Dog d = new Dog();
        d.bark();
    }
}
/*
wal!!! wal!!!
*/
```

앞의 코드를 보면 부모 클래스는 mumu! mumu!로 짖게 만들었지만 자식 클래스에서
wal!!! wal!!!로 짖게 만들었더니 자식 클래스 기반으로 메서드가 재정의됨을 알 수 있습
니다.

설계 원칙

객체지향 프로그래밍을 설계할 때는 SOLID 원칙을 지켜주어야 합니다. S는 단일 책임 원
칙, O는 개방–폐쇄 원칙, L은 리스코프 치환 원칙, I는 인터페이스 분리 원칙, D는 의존
역전 원칙을 의미합니다.

단일 책임 원칙

단일 책임 원칙(SRP, Single Responsibility Principle)은 모든 클래스는 각각 하나의 책임
만 가져야 하는 원칙입니다. 예를 들어 A라는 로직이 존재한다면 어떠한 클래스는 A에 관
한 클래스여야 하고 이를 수정한다고 했을 때도 A와 관련된 수정이어야 합니다.

개방-폐쇄 원칙

개방–폐쇄 원칙(OCP, Open Closed Principle)은 유지 보수 사항이 생긴다면 코드를 쉽게
확장할 수 있도록 하고 수정할 때는 닫혀 있어야 하는 원칙입니다. 즉, 기존의 코드는 잘
변경하지 않으면서도 확장은 쉽게 할 수 있어야 합니다.

리스코프 치환 원칙

리스코프 치환 원칙(LSP, Liskov Substitution Principle)은 프로그램의 객체는 프로그램의 정확성을 깨뜨리지 않으면서 하위 타입의 인스턴스로 바꿀 수 있어야 하는 것을 의미합니다. 클래스는 상속이 되기 마련이고 부모, 자식이라는 계층 관계가 만들어집니다. 이때 부모 객체에 자식 객체를 넣어도 시스템이 문제없이 돌아가게 만드는 것을 말합니다. 즉, 범석 객체가 홍철 객체의 자식 계층일 때 범석 객체를 홍철 객체와 바꿔도 문제가 없어야 하는 것을 말합니다.

인터페이스 분리 원칙

인터페이스 분리 원칙(ISP, Interface Segregation Principle)은 하나의 일반적인 인터페이스보다 구체적인 여러 개의 인터페이스를 만들어야 하는 원칙을 말합니다.

의존 역전 원칙

의존 역전 원칙(DIP, Dependency Inversion Principle)은 자신보다 변하기 쉬운 것에 의존하던 것을 추상화된 인터페이스나 상위 클래스를 두어 변하기 쉬운 것의 변화에 영향받지 않게 하는 원칙을 말합니다. 예를 들어 타이어를 갈아끼울 수 있는 틀을 만들어 놓은 후 다양한 타이어를 교체할 수 있어야 합니다. 즉, 상위 계층은 하위 계층의 변화에 대한 구현으로부터 독립해야 합니다.

1.2.3 절차형 프로그래밍

절차형 프로그래밍은 로직이 수행되어야 할 연속적인 계산 과정으로 이루어져 있습니다. 일이 진행되는 방식으로 그저 코드를 구현하기만 하면 되기 때문에 코드의 가독성이 좋으며 실행 속도가 빠릅니다. 그렇기 때문에 계산이 많은 작업 등에 쓰입니다. 대표적으로 포트란(fortran)을 이용한 대기 과학 관련 연산 작업, 머신 러닝의 배치 작업이 있습니다. 단점으로는 모듈화하기가 어렵고 유지 보수성이 떨어진다는 점이 있습니다.

예를 들어 자연수로 이루어진 배열에서 최댓값을 찾으라고 한다면 다음과 같이 로직을 구성합니다.

```javascript
const ret = [1, 2, 3, 4, 5, 11, 12]
let a = 0
for (let i = 0; i < ret.length; i++) {
    a = Math.max(ret[i], a)
}
console.log(a) // 12
```

1.2.4 패러다임의 혼합

이렇게 여러 가지의 프로그래밍 패러다임을 알아보았습니다. 그렇다면 어떠한 패러다임이 가장 좋을까요? 답은 "그런 것은 없다."라는 것입니다. 비즈니스 로직이나 서비스의 특징을 고려해서 패러다임을 정하는 것이 좋습니다. 하나의 패러다임을 기반으로 통일하여 서비스를 구축하는 것도 좋은 생각이지만 여러 패러다임을 조합하여 상황과 맥락에 따라 패러다임 간의 장점만 취해 개발하는 것이 좋습니다. 예를 들어 백엔드에 머신 러닝 파이프라인과 거래 관련 로직이 있다면 머신 러닝 파이프라인은 절차지향형 패러다임, 거래 관련 로직은 함수형 프로그래밍을 적용하는 것이 좋죠.

Q 옵저버 패턴을 어떻게 구현하나요?

A 여러 가지 방법이 있지만 프록시 객체를 써서 하곤 합니다. 프록시 객체를 통해 객체의 속성이나 메서드 변화 등을 감지하고 이를 미리 설정해 놓은 옵저버들에게 전달하는 방법으로 구현합니다.

Q 프록시 서버를 설명하고 사용 사례에 대해 설명해보세요.

A 프록시 서버란 클라이언트가 자신을 통해서 다른 네트워크 서비스에 간접적으로 접속할 수 있게 해 주는 서버를 말합니다. 주로 서버 앞단에 둬서 캐싱, 로깅, 데이터 분석을 서버보다 먼저 하는 서버로 쓰입니다. 이를 통해 포트 번호를 바꿔서 사용자가 실제 서버의 포트에 접근하지 못하게 할 수 있으며, 공격자의 DDOS 공격을 차단하거나 CDN을 프록시 서버로 캐싱할 수 있으며, nginx를 이용해 Node.js로 이루어진 서버의 앞단에 둬서 버퍼 오버플로우를 해결할 수도 있습니다.

Q MVC 패턴을 설명하고 MVVM 패턴과의 차이는 무엇인지 설명해보세요.

A MVC 패턴은 모델(Model), 뷰(View), 컨트롤러(Controller)로 이루어진 디자인 패턴입니다. 앱의 구성 요소를 세 가지 역할로 구분하여 개발 프로세스에서 각각의 구성 요소에만 집중해서 개발할 수 있다는 점과 재사용성과 확장성이 용이하다는 장점이 있고, 애플리케이션이 복잡해질수록 모델과 뷰의 관계 또한 복잡해지는 단점이 있습니다.

MVVM 패턴은 MVC의 C에 해당하는 컨트롤러가 뷰모델(view model)로 바뀐 패턴입니다. 여기서 뷰모델은 뷰를 더 추상화한 계층이며, MVVM 패턴은 MVC 패턴과는 다르게 커맨드와 데이터 바인딩을 가지는 것이 특징입니다. 뷰와 뷰모델 사이의 양방향 데이터 바인딩을 지원하며 UI를 별도의 코드 수정 없이 재사용할 수 있고 단위 테스팅하기 쉽다는 장점이 있습니다.

네트워크

네트워크는 컴퓨터 등의 장치들이 통신 기술을 이용하여 구축하는 연결망을 지칭하는 용어입니다. 네트워크의 기초부터 시작해서 네트워크를 이루는 계층, 장치 등에 대해 배워보겠습니다.

네트워크의 기초

네트워크란 노드(node)와 링크(link)가 서로 연결되어 있으며 리소스를 공유하는 집합을 의미합니다.

▼ **그림 2-1** 노드와 링크

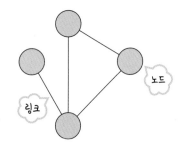

여기서 노드란 서버, 라우터, 스위치 등 네트워크 장치를 의미하고 링크는 유선 또는 무선을 의미합니다.

2.1.1 처리량과 지연 시간

네트워크를 구축할 때는 '좋은' 네트워크로 만드는 것이 중요합니다. 좋은 네트워크란 많은 처리량을 처리할 수 있으며 지연 시간이 짧고 장애 빈도가 적으며 좋은 보안을 갖춘 네트워크를 말합니다.

처리량

처리량(throughput)은 링크 내에서 성공적으로 전달된 데이터의 양을 말하며 보통 얼만큼의 트래픽을 처리했는지를 나타냅니다. '많은 트래픽을 처리한다 = 많은 처리량을 가진다'라는 의미입니다.

▼ 그림 2-2 처리량

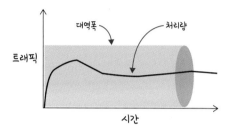

단위로는 bps(bits per second)를 씁니다. 초당 전송 또는 수신되는 비트 수라는 의미입니다. 처리량은 사용자들이 많이 접속할 때마다 커지는 트래픽, 네트워크 장치 간의 대역폭, 네트워크 중간에 발생하는 에러, 장치의 하드웨어 스펙에 영향을 받습니다.

앞의 그림을 보면 트래픽이 있는데 트래픽은 특정 시점에 링크 내에 '흐르는' 데이터의 양을 말합니다. 예를 들어 서버에 저장된 파일(문서, 이미지, 동영상 등)을 클라이언트(사용자)가 다운로드할 때 발생되는 데이터의 누적량을 뜻합니다. 트래픽과 처리량을 헷갈릴 수 있는데 다음처럼 이해하면 됩니다.

- 트래픽이 많아졌다. = 흐르는 데이터가 많아졌다.
- 처리량이 많아졌다. = 처리되는 트래픽이 많아졌다.

> **용어**
>
> ── **대역폭**
> 주어진 시간 동안 네트워크 연결을 통해 흐를 수 있는 최대 비트 수

지연 시간

지연 시간(latency)이란 요청이 처리되는 시간을 말하며 어떤 메시지가 두 장치 사이를 왕복하는 데 걸린 시간을 말합니다.

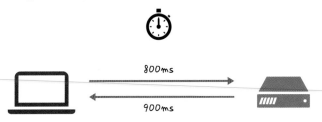

$$지연\ 시간 = 800ms + 900ms = 1.7s$$

지연 시간은 매체 타입(무선, 유선), 패킷 크기, 라우터의 패킷 처리 시간에 영향을 받습니다.

2.1.2 네트워크 토폴로지와 병목 현상

네트워크 토폴로지

네트워크를 설계할 때 고려하는 네트워크 토폴로지를 알아보겠습니다. 네트워크 토폴로지(network topology)는 노드와 링크가 어떻게 배치되어 있는지에 대한 방식이자 연결 형태를 의미합니다.

트리 토폴로지

트리(tree) 토폴로지는 계층형 토폴로지라고 하며 트리 형태로 배치한 네트워크 구성을 말합니다.

▼ 그림 2-4 트리 토폴로지

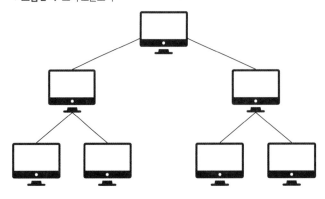

노드의 추가, 삭제가 쉬우며 특정 노드에 트래픽이 집중될 때 하위 노드에 영향을 끼칠 수 있습니다.

버스 토폴로지

버스(bus) 토폴로지는 중앙 통신 회선 하나에 여러 개의 노드가 연결되어 공유하는 네트워크 구성을 말하며 근거리 통신망(LAN)에서 사용합니다.

▼ 그림 2-5 버스 토폴로지

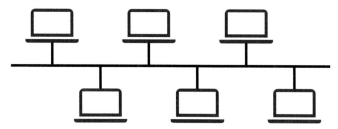

설치 비용이 적고 신뢰성이 우수하며 중앙 통신 회선에 노드를 추가하거나 삭제하기 쉽습니다. 그러나 스푸핑이 가능한 문제점이 있습니다.

스푸핑

스푸핑은 LAN상에서 송신부의 패킷을 송신과 관련 없는 다른 호스트에 가지 않도록 하는 스위칭 기능을 마비시키거나 속여서 특정 노드에 해당 패킷이 오도록 처리하는 것을 말합니다.

▼ 그림 2-6 스푸핑

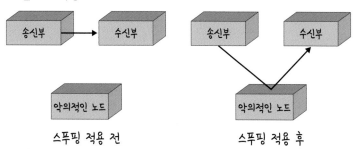

앞의 그림처럼 스푸핑을 적용하면 올바르게 수신부로 가야 할 패킷이 악의적인 노드에 전달되게 됩니다.

스타 토폴로지

스타(star, 성형) 토폴로지는 중앙에 있는 노드에 모두 연결된 네트워크 구성을 말합니다.

▼ 그림 2-7 스타 토폴로지

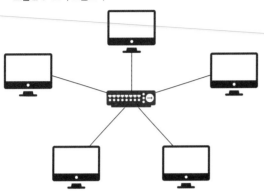

노드를 추가하거나 에러를 탐지하기 쉽고 패킷의 충돌 발생 가능성이 적습니다. 또한, 어떠한 노드에 장애가 발생해도 쉽게 에러를 발견할 수 있으며 장애 노드가 중앙 노드가 아닐 경우 다른 노드에 영향을 끼치는 것이 적습니다. 하지만 중앙 노드에 장애가 발생하면 전체 네트워크를 사용할 수 없고 설치 비용이 고가입니다.

링형 토폴로지

링형(ring) 토폴로지는 각각의 노드가 양 옆의 두 노드와 연결하여 전체적으로 고리처럼 하나의 연속된 길을 통해 통신을 하는 망 구성 방식입니다.

▼ 그림 2-8 링형 토폴로지

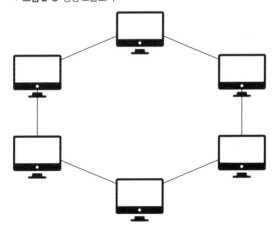

데이터는 노드에서 노드로 이동을 하게 되며, 각각의 노드는 고리 모양의 길을 통해 패킷을 처리합니다.

노드 수가 증가되어도 네트워크상의 손실이 거의 없고 충돌이 발생되는 가능성이 적고 노드의 고장 발견을 쉽게 찾을 수 있습니다. 하지만 네트워크 구성 변경이 어렵고 회선에 장애가 발생하면 전체 네트워크에 영향을 크게 끼치는 단점이 있습니다.

메시 토폴로지

메시(mesh) 토폴로지는 망형 토폴로지라고도 하며 그물망처럼 연결되어 있는 구조입니다.

▼ **그림 2-9** 메시 토폴로지

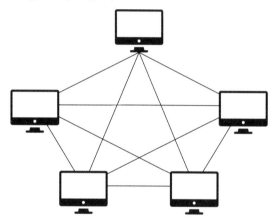

한 단말 장치에 장애가 발생해도 여러 개의 경로가 존재하므로 네트워크를 계속 사용할 수 있고 트래픽도 분산 처리가 가능합니다. 하지만 노드의 추가가 어렵고 구축 비용과 운용 비용이 고가인 단점이 있습니다.

병목 현상

네트워크의 구조라고도 일컫는 토폴로지가 중요한 이유는 병목 현상을 찾을 때 중요한 기준이 되기 때문입니다.

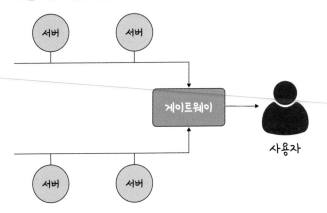

예를 들어 앞의 그림처럼 서비스를 만들었는데, 병목 현상이 일어나서 사용자가 서비스를 이용할 때 지연 시간이 길게 발생하고 있다고 해봅시다. 관리자 큰돌이 지연 시간을 짧게 만들기 위해 대역폭을 크게 설정했음에도 성능이 개선되지 않았습니다.

▼ **그림 2-11** 회선 추가 이후

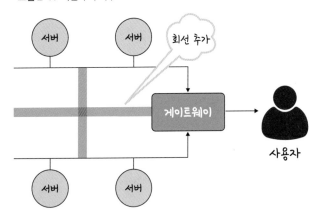

관리자 큰돌이 네트워크 토폴로지가 어떻게 되어 있나 확인했고, 서버와 서버 간 그리고 게이트웨이로 이어지는 회선을 추가해서 병목 현상을 해결했습니다. 이처럼 네트워크가 어떤 토폴로지를 갖는지, 또한 어떠한 경로로 이루어져 있는지 알아야 병목 현상을 올바르게 해결할 수 있습니다.

— **병목 현상**

병목(bottleneck) 현상은 전체 시스템의 성능이나 용량이 하나의 구성 요소로 인해 제한을 받는 현상을 말한다. 예를 들어 병의 몸통보다 병의 목 부분 내부 지름이 좁아서 물이 상대적으로 천천히 쏟아지는 것에 비유할 수 있다. 서비스에서 이벤트를 열었을 때 트래픽이 많이 생기고 그 트래픽을 잘 관리하지 못하면 병목 현상이 생겨 사용자는 웹 사이트로 들어가지 못한다.

2.1.3 네트워크 분류

네트워크는 규모를 기반으로 분류할 수 있습니다. 사무실과 개인적으로 소유 가능한 규모인 LAN(Local Area Network)과 서울시 등 시 정도의 규모인 MAN(Metropolitan Area Network), 그리고 세계 규모의 WAN(Wide Area Network)으로 나뉩니다.

▼ **그림 2-12** 네트워크 분류

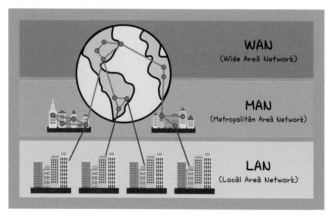

LAN

LAN은 근거리 통신망을 의미하며 같은 건물이나 캠퍼스 같은 좁은 공간에서 운영됩니다. 전송 속도가 빠르고 혼잡하지 않습니다.

MAN

MAN은 대도시 지역 네트워크를 나타내며 도시 같은 넓은 지역에서 운영됩니다. 전송 속도는 평균이며 LAN보다는 더 많이 혼잡합니다.

WAN

WAN은 광역 네트워크를 의미하며 국가 또는 대륙 같은 더 넓은 지역에서 운영됩니다. 전송 속도는 낮으며 MAN보다 더 혼잡합니다.

2.1.4 네트워크 성능 분석 명령어

애플리케이션 코드상에는 전혀 문제가 없는데 사용자가 서비스로부터 데이터를 가져오지 못하는 상황이 발생되기도 하며, 이는 네트워크 병목 현상일 가능성이 있습니다. 네트워크 병목 현상의 주된 원인은 다음과 같습니다.

- 네트워크 대역폭
- 네트워크 토폴로지
- 서버 CPU, 메모리 사용량
- 비효율적인 네트워크 구성

이때는 네트워크 관련 테스트와 네트워크와 무관한 테스트를 통해 '네트워크로부터 발생한 문제점'인 것을 확인한 후 네트워크 성능 분석을 해봐야 합니다. 이때 사용되는 명령어들을 알아보겠습니다.

ping

ping(Packet INternet Groper)은 네트워크 상태를 확인하려는 대상 노드를 향해 일정 크기의 패킷을 전송하는 명령어입니다. 이를 통해 해당 노드의 패킷 수신 상태와 도달하기까지 시간 등을 알 수 있으며 해당 노드까지 네트워크가 잘 연결되어 있는지 확인할 수 있습니다. ping은 TCP/IP 프로토콜 중에 ICMP 프로토콜을 통해 동작하며, 이 때문에 ICMP

프로토콜을 지원하지 않는 기기를 대상으로는 실행할 수 없거나 네트워크 정책상 ICMP 나 traceroute를 차단하는 대상의 경우 ping 테스팅은 불가능합니다.

ping [IP 주소 또는 도메인 주소]로 실행합니다.

▼ 그림 2-13 ping

```
C:\Users\jhc>ping www.google.com -n 12

Ping www.google.com [172.217.26.228] 32바이트 데이터 사용:
172.217.26.228의 응답: 바이트=32 시간=56ms TTL=117
172.217.26.228의 응답: 바이트=32 시간=56ms TTL=117
172.217.26.228의 응답: 바이트=32 시간=57ms TTL=117
172.217.26.228의 응답: 바이트=32 시간=56ms TTL=117
172.217.26.228의 응답: 바이트=32 시간=56ms TTL=117
172.217.26.228의 응답: 바이트=32 시간=56ms TTL=117
172.217.26.228의 응답: 바이트=32 시간=56ms TTL=117
172.217.26.228의 응답: 바이트=32 시간=56ms TTL=117
172.217.26.228의 응답: 바이트=32 시간=57ms TTL=117
172.217.26.228의 응답: 바이트=32 시간=57ms TTL=117
172.217.26.228의 응답: 바이트=32 시간=56ms TTL=117

172.217.26.228에 대한 Ping 통계:
    패킷: 보냄 = 12, 받음 = 12, 손실 = 0 (0% 손실),
왕복 시간(밀리초):
    최소 = 56ms, 최대 = 57ms, 평균 = 56ms
```

앞의 그림은 ping www.google.com -n 12라는 명령어를 구동한 모습입니다. -n 12 옵션을 넣어서 12번의 패킷을 보내고 12번의 패킷을 받는 모습을 볼 수 있습니다.

netstat

netstat 명령어는 접속되어 있는 서비스들의 네트워크 상태를 표시하는 데 사용되며 네트워크 접속, 라우팅 테이블, 네트워크 프로토콜 등 리스트를 보여줍니다. 주로 서비스의 포트가 열려 있는지 확인할 때 씁니다.

▼ 그림 2-14 netstat

```
C:\Users\jhc>netstat

활성 연결

  프로토콜  로컬 주소              외부 주소                상태
  TCP      121.165.224.223:6881   220.118.188.195:41519   TIME_WAIT
  TCP      121.165.224.223:49245  211.115.106.72:http     CLOSE_WAIT
  TCP      121.165.224.223:50124  nrt12s51-in-f19:https   ESTABLISHED
  TCP      121.165.224.223:50278  118.223.101.233:56517   ESTABLISHED
  TCP      121.165.224.223:52025  211.115.106.207:http    CLOSE_WAIT
  TCP      121.165.224.223:52042  211.115.106.207:http    CLOSE_WAIT
  TCP      121.165.224.223:52043  211.115.106.207:http    CLOSE_WAIT
  TCP      121.165.224.223:52220  211.249.220.83:https    ESTABLISHED
  TCP      121.165.224.223:52221  104.21.37.168:http      ESTABLISHED
  TCP      121.165.224.223:52243  a104-74-192-17:http     TIME_WAIT
```

앞의 그림을 통해 지금 제가 접속하고 있는 사이트 등에 관한 네트워크 상태 리스트를 볼
수 있는 것을 알 수 있습니다.

nslookup

nslookup은 DNS에 관련된 내용을 확인하기 위해 쓰는 명령어입니다. 특정 도메인에 매
핑된 IP를 확인하기 위해 사용합니다.

▼ **그림 2-15** nslookup

```
C:\Users\jhc>nslookup
기본 서버:  kns.kornet.net
Address:  168.126.63.1

> google.com
서버:    kns.kornet.net
Address:  168.126.63.1

권한 없는 응답:
이름:    google.com
Addresses:  2404:6800:4004:820::200e
            172.217.31.174
```

앞의 그림은 google.com의 DNS를 확인하는 모습입니다.

tracert

윈도우에서는 tracert이고 리눅스에서는 traceroute라는 명령어로 구동됩니다. 이것은
목적지 노드까지 네트워크 경로를 확인할 때 사용하는 명령어입니다. 목적지 노드까지 구
간들 중 어느 구간에서 응답 시간이 느려지는지 등을 확인할 수 있습니다.

▼ **그림 2-16** tracert

```
C:\Users\jhc>tracert www.google.com

최대 30홉 이상의
www.google.com [142.250.199.100](으)로 가는 경로 추적:

  1    1 ms     *        *       121.165.224.254
  2    1 ms    1 ms     1 ms    61.78.42.172
  3    2 ms    2 ms     1 ms    112.189.31.209
  4     *       *        *      요청 시간이 만료되었습니다.
  5    1 ms    2 ms     1 ms    112.174.47.102
  6   41 ms   40 ms    41 ms    72.14.209.102
  7   36 ms   36 ms    37 ms    108.170.241.80
  8   43 ms   43 ms    41 ms    216.239.62.240
  9   53 ms   53 ms    53 ms    172.253.50.221
 10   56 ms   56 ms    56 ms    216.239.49.194
```

앞의 그림은 구글 사이트에 도달하기까지의 경로 추적을 하는 모습입니다.

이외에도 ftp를 통해 대형 파일을 전송하여 테스팅하거나 tcpdump를 통해 노드로 오고 가는 패킷을 캡처하는 등의 명령어가 있으며 네트워크 분석 프로그램으로는 wireshark, netmon이 있습니다.

2.1.5 네트워크 프로토콜 표준화

네트워크 프로토콜이란 다른 장치들끼리 데이터를 주고받기 위해 설정된 공통된 인터페이스를 말합니다. 이러한 프로토콜은 기업이나 개인이 발표해서 정하는 것이 아니라 IEEE 또는 IETF라는 표준화 단체가 이를 정합니다.

▼ **그림 2-17** 네트워크 프로토콜 표준화

IEEE 802.3 ETHERNET WORKING GROUP

- The IEEE 802.3 Working Group develops standards for Ethernet networks. We have a number of active projects, study groups, and ad hocs as listed below:
  - IEEE P802.3ck 100 Gb/s, 200 Gb/s, and 400 Gb/s Electrical Interfaces Task Force.
  - IEEE P802.3cs Increased-reach Ethernet optical subscriber access (Super-PON) Task Force.
  - IEEE P802.3cw 400 Gb/s over DWDM systems Task Force.
  - IEEE P802.3cx Improved PTP Timestamping Accuracy Task Force.
  - IEEE P802.3cy Greater than 10 Gb/s Electrical Automotive Ethernet Task Force.
  - IEEE P802.3cz Multi-Gigabit Optical Automotive Ethernet Task Force.
  - IEEE P802.3da 10 Mb/s Single Pair Multidrop Segments Enhancement Task Force.
  - IEEE P802.3db 100 Gb/s, 200 Gb/s, and 400 Gb/s Short Reach Fiber Task Force.
  - IEEE P802.3 (IEEE 802.3dc) Revision to IEEE Std 802.3-2018 Maintenance #16 Task Force.

IEEE802.3은 유선 LAN 프로토콜로, 유선으로 LAN을 구축할 때 쓰이는 프로토콜입니다. 이를 통해 만든 기업이 다른 장치라도 서로 데이터를 수신할 수 있는 것이죠.

예를 들어 웹을 접속할 때 쓰이는 HTTP가 있습니다. '서로 약속된' 인터페이스인 HTTP 라는 프로토콜을 통해 노드들은 웹 서비스를 기반으로 데이터를 주고받을 수 있습니다.

2.2 / TCP/IP 4계층 모델
SECTION

인터넷 프로토콜 스위트(internet protocol suite)는 인터넷에서 컴퓨터들이 서로 정보를 주고받는 데 쓰이는 프로토콜의 집합이며, 이를 TCP/IP 4계층 모델로 설명하거나 OSI 7계층 모델로 설명하기도 합니다. 이 책에서는 TCP/IP(Transmission Control Protocol /Internet Protocol) 4계층 모델을 중심으로 설명하며, 이 계층 모델은 네트워크에서 사용되는 통신 프로토콜의 집합으로 계층들은 프로토콜의 네트워킹 범위에 따라 네 개의 추상화 계층으로 구성됩니다.

2.2.1 계층 구조

TCP/IP 계층은 네 개의 계층을 가지고 있으며 OSI 7계층과 많이 비교합니다.

▼ **그림 2-18** TCP/IP 4계층과 OSI 7계층 비교

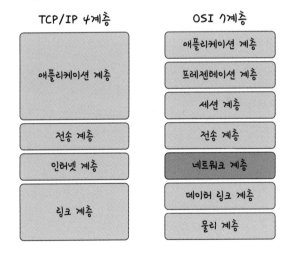

앞의 그림처럼 TCP/IP 계층과 달리 OSI 계층은 애플리케이션 계층을 세 개로 쪼개고 링크 계층을 데이터 링크 계층, 물리 계층으로 나눠서 표현하는 것이 다르며, 인터넷 계층을 네트워크 계층으로 부른다는 점이 다릅니다.

이 계층들은 특정 계층이 변경되었을 때 다른 계층이 영향을 받지 않도록 설계되었습니다. 예를 들어 전송 계층에서 TCP를 UDP로 변경했다고 해서 인터넷 웹 브라우저를 다시 설치해야 하는 것은 아니듯 유연하게 설계된 것이죠.

각 계층을 대표하는 스택을 정리한 그림입니다.

▼ **그림 2-19** TCP/IP 4계층

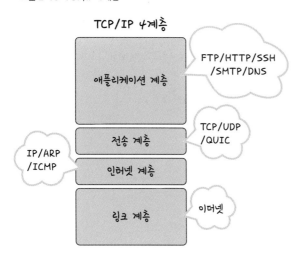

지금부터 애플리케이션 계층부터 하나씩 살펴보겠습니다.

애플리케이션 계층

애플리케이션(application) 계층은 FTP, HTTP, SSH, SMTP, DNS 등 응용 프로그램이 사용되는 프로토콜 계층이며 웹 서비스, 이메일 등 서비스를 실질적으로 사람들에게 제공하는 층입니다.

—— **FTP**

장치와 장치 간의 파일을 전송하는 데 사용되는 표준 통신 프로토콜

—— **SSH**

보안되지 않은 네트워크에서 네트워크 서비스를 안전하게 운영하기 위한 암호화 네트워크 프로토콜

—— **HTTP**

World Wide Web을 위한 데이터 통신의 기초이자 웹 사이트를 이용하는 데 쓰는 프로토콜

—— **SMTP**

전자 메일 전송을 위한 인터넷 표준 통신 프로토콜

—— **DNS**

도메인 이름과 IP 주소를 매핑해주는 서버, 예를 들어 www.naver.com에 DNS 쿼리가 오면 [Root DNS] → [.com DNS] → [.naver DNS] → [.www DNS] 과정을 거쳐 완벽한 주소를 찾아 IP 주소를 매핑한다. 이를 통해 IP 주소가 바뀌어도 사용자들에게 똑같은 도메인 주소로 서비스할 수 있다. 예를 들어 www.naver.com의 IP 주소가 222.111.222.111에서 222.111.222.122로 바뀌었음에도 똑같은 www.naver.com이라는 주소로 서비스가 가능하다.

전송 계층

전송(transport) 계층은 송신자와 수신자를 연결하는 통신 서비스를 제공하며 연결 지향 데이터 스트림 지원, 신뢰성, 흐름 제어를 제공할 수 있으며 애플리케이션과 인터넷 계층 사이의 데이터가 전달될 때 중계 역할을 합니다. 대표적으로 TCP와 UDP가 있습니다.

TCP는 패킷 사이의 순서를 보장하고 연결지향 프로토콜을 사용해서 연결을 하여 신뢰성을 구축해서 수신 여부를 확인하며 '가상회선 패킷 교환 방식'을 사용합니다.

UDP는 순서를 보장하지 않고 수신 여부를 확인하지 않으며 단순히 데이터만 주는 '데이터그램 패킷 교환 방식'을 사용합니다.

가상회선 패킷 교환 방식

가상회선 패킷 교환 방식은 각 패킷에는 가상회선 식별자가 포함되며 모든 패킷을 전송하면 가상회선이 해제되고 패킷들은 전송된 '순서대로' 도착하는 방식을 말합니다.

▼ **그림 2-20** 가상회선 패킷 교환 방식

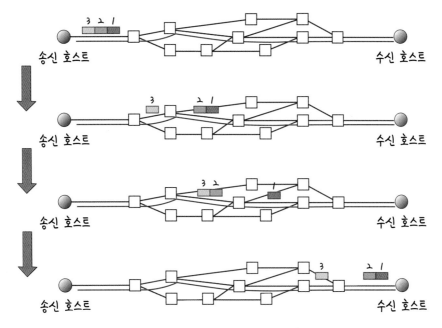

앞의 그림을 보면 3, 2, 1로 이루어진 패킷이 어떠한 회선을 따라 순서대로 도착하는 것을 알 수 있죠?

데이터그램 패킷 교환 방식

데이터그램 패킷 교환 방식이란 패킷이 독립적으로 이동하며 최적의 경로를 선택하여 가는데, 하나의 메시지에서 분할된 여러 패킷은 서로 다른 경로로 전송될 수 있으며 도착한 '순서가 다를 수' 있는 방식을 뜻합니다.

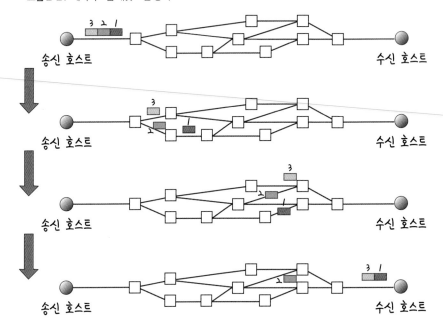

▼ **그림 2-21** 데이터그램 패킷 교환 방식

앞의 그림을 보면 3, 2, 1로 이루어진 패킷이 순서도 다르고 어떠한 회선을 중심으로 가는 것이 아니라 따로따로 이동하며 순서도 다르게 도착하는 것을 알 수 있습니다.

TCP 연결 성립 과정

TCP는 신뢰성을 확보할 때 '3−웨이 핸드셰이크(3−way handshake)'라는 작업을 진행합니다.

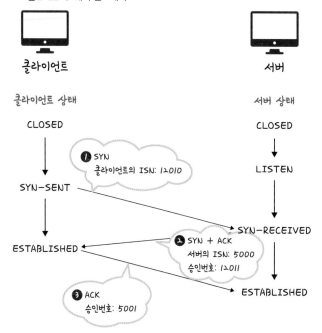

▼ **그림 2-22** 3-웨이 핸드셰이크

클라이언트

서버

클라이언트 상태

서버 상태

CLOSED

CLOSED

① SYN
클라이언트의 ISN: 12010

SYN-SENT

LISTEN

SYN-RECEIVED

ESTABLISHED

② SYN + ACK
서버의 ISN: 5000
승인번호: 12011

ESTABLISHED

③ ACK
승인번호: 5001

앞의 그림처럼 클라이언트와 서버가 통신할 때 다음과 같은 세 단계의 과정을 거칩니다.

❶ **SYN 단계**: 클라이언트는 서버에 클라이언트의 ISN을 담아 SYN을 보냅니다. ISN은 새로운 TCP 연결의 첫 번째 패킷에 할당된 임의의 시퀀스 번호를 말하며(예시로 12010을 들었습니다) 이는 장치마다 다를 수 있습니다.

❷ **SYN + ACK 단계**: 서버는 클라이언트의 SYN을 수신하고 서버의 ISN을 보내며 승인번호로 클라이언트의 ISN + 1을 보냅니다.

❸ **ACK 단계**: 클라이언트는 서버의 ISN + 1한 값인 승인번호를 담아 ACK를 서버에 보냅니다.

이렇게 3-웨이 핸드셰이크 과정 이후 신뢰성이 구축되고 데이터 전송을 시작합니다. 참고로 TCP는 이 과정이 있기 때문에 신뢰성이 있는 계층이라고 하며 UDP는 이 과정이 없기 때문에 신뢰성이 없는 계층이라고 합니다.

TCP 연결 해제 과정

TCP가 연결을 해제할 때는 4-웨이 핸드셰이크(4-way handshake) 과정이 발생합니다.

▼ **그림 2-23** TCP 연결 해제 과정

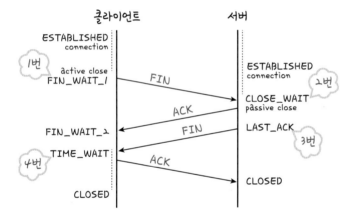

- **1번**: 먼저 클라이언트가 연결을 닫으려고 할 때 FIN으로 설정된 세그먼트를 보냅니다. 그리고 클라이 언트는 FIN_WAIT_1 상태로 들어가고 서버의 응답을 기다립니다.
- **2번**: 서버는 클라이언트로 ACK라는 승인 세그먼트를 보냅니다. 그리고 CLOSE_WAIT 상태에 들어 갑니다. 클라이언트가 세그먼트를 받으면 FIN_WAIT_2 상태에 들어갑니다.
- **3번**: 서버는 ACK를 보내고 일정 시간 이후에 클라이언트에 FIN이라는 세그먼트를 보냅니다.
- **4번**: 클라이언트는 TIME_WAIT 상태가 되고 다시 서버로 ACK를 보내서 서버는 CLOSED 상태가 됩니다. 이후 클라이언트는 어느 정도의 시간을 대기한 후 연결이 닫히고 클라이언트와 서버의 모든 자 원의 연결이 해제됩니다.

이 과정 중 가장 눈여겨봐야 할 것은 TIME_WAIT입니다. 그냥 연결을 닫으면 되지 왜 굳이 일정 시간 뒤에 닫을까요?

첫 번째는 지연 패킷이 발생할 경우를 대비하기 위함입니다. 패킷이 뒤늦게 도달하고 이를 처리하지 못한다면 데이터 무결성 문제가 발생합니다. 예를 들어 전체 데이터가 100일 때 일부 데이터인 50만 들어오는 현상이 발생할 수도 있는 것이죠.

두 번째는 두 장치가 연결이 닫혔는지 확인하기 위해서입니다. 만약 LAST_ACK 상태에서 닫히게 되면 다시 새로운 연결을 하려고 할 때 장치는 줄곧 LAST_ACK로 되어 있기 때문에 접속 오류가 나타나게 될 것입니다.

이러한 이유로 TIME_WAIT라는 잠시 기다릴 시간이 필요합니다.

> **용어**
>
> ── **TIME_WAIT**
> 소켓이 바로 소멸되지 않고 일정 시간 유지되는 상태를 말하며 지연 패킷 등의 문제점을 해결하는 데 쓰인다. CentOS6, 우분투에는 60초로 설정되어 있으며 윈도우는 4분으로 설정되어 있다. 즉, OS마다 조금씩 다를 수 있다.
>
> ── **데이터 무결성(data integrity)**
> 데이터의 정확성과 일관성을 유지하고 보증하는 것

인터넷 계층

인터넷(internet) 계층은 장치로부터 받은 네트워크 패킷을 IP 주소로 지정된 목적지로 전송하기 위해 사용되는 계층입니다. IP, ARP, ICMP 등이 있으며 패킷을 수신해야 할 상대의 주소를 지정하여 데이터를 전달합니다. 상대방이 제대로 받았는지에 대해 보장하지 않는 비연결형적인 특징을 가지고 있습니다.

링크 계층

링크 계층은 전선, 광섬유, 무선 등으로 실질적으로 데이터를 전달하며 장치 간에 신호를 주고받는 '규칙'을 정하는 계층입니다. 참고로 네트워크 접근 계층이라고도 합니다.

이를 물리 계층과 데이터 링크 계층으로 나누기도 하는데 물리 계층은 무선 LAN과 유선 LAN을 통해 0과 1로 이루어진 데이터를 보내는 계층을 말하며, 데이터 링크 계층은 '이더넷 프레임'을 통해 에러 확인, 흐름 제어, 접근 제어를 담당하는 계층을 말합니다.

유선 LAN(IEEE802.3)

유선 LAN을 이루는 이더넷은 IEEE802.3이라는 프로토콜을 따르며 전이중화 통신을 씁니다.

전이중화 통신

전이중화(full duplex) 통신은 양쪽 장치가 동시에 송수신할 수 있는 방식을 말합니다. 이는 송신로와 수신로로 나눠서 데이터를 주고받으며 현대의 고속 이더넷은 이 방식을 기반으로 통신하고 있습니다.

▼ **그림 2-24** 전이중화 통신

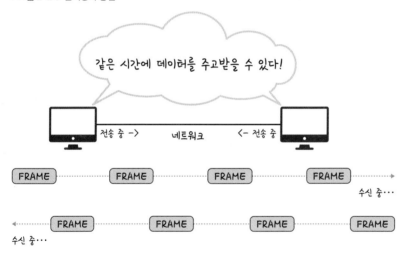

CSMA/CD

참고로 이전에는 유선 LAN에 '반이중화 통신' 중 하나인 CSMA/CD(Carrier Sense Multiple Access with Collision Detection) 방식을 썼습니다. 이 방식은 데이터를 '보낸 이후' 충돌이 발생한다면 일정 시간 이후 재전송하는 방식을 말합니다. 이는 수신로와 송신로를 각각 둔 것이 아니고 한 경로를 기반으로 데이터를 보내기 때문에 데이터를 보낼 때 충돌에 대해 대비해야 했기 때문입니다.

유선 LAN을 이루는 케이블

유선 LAN을 이루는 케이블로는 TP 케이블이라고 하는 트위스트 페어 케이블과 광섬유 케이블이 대표적입니다.

트위스트 페어 케이블

트위스트 페어 케이블(twisted pair cable)은 하나의 케이블처럼 보이지만 실제로는 여덟 개의 구리선을 두 개씩 꼬아서 묶은 케이블을 지칭합니다.

▼ **그림 2-25** 트위스트 페어 케이블

앞의 그림처럼 여러 개의 구리선으로 이루어져 있습니다.

케이블은 구리선을 실드 처리하지 않고 덮은 UTP 케이블과 실드 처리하고 덮은 STP로 나눠집니다. 여기서 우리가 많이 볼 수 있는 케이블은 UTP 케이블로 흔히 LAN 케이블이라고 합니다.

▼ **그림 2-26** LAN 케이블과 RJ-45 커넥터

참고로 이 LAN 케이블을 꽂을 수 있는 커넥터를 RJ-45 커넥터라고 합니다.

광섬유 케이블

광섬유 케이블은 광섬유로 만든 케이블입니다. 레이저를 이용해서 통신하기 때문에 구리 선과는 비교할 수 없을 만큼의 장거리 및 고속 통신이 가능합니다. 보통 100Gbps의 데이터를 전송하며 다음 그림처럼 광섬유 내부와 외부를 다른 밀도를 가지는 유리나 플라스틱 섬유로 제작해서 한 번 들어간 빛이 내부에서 계속적으로 반사하며 전진하여 반대편 끝까지 가는 원리를 이용한 것입니다.

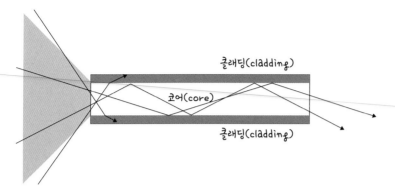

참고로 빛의 굴절률이 높은 부분을 코어(core)라고 하며 낮은 부분을 클래딩(cladding)이라고 합니다.

무선 LAN(IEEE802.11)

무선 LAN 장치는 수신과 송신에 같은 채널을 사용하기 때문에 반이중화 통신을 사용합니다.

반이중화 통신

반이중화 통신(half duplex)은 양쪽 장치는 서로 통신할 수 있지만, 동시에는 통신할 수 없으며 한 번에 한 방향만 통신할 수 있는 방식을 말합니다.

▼ 그림 2-28 반이중화 통신 방식

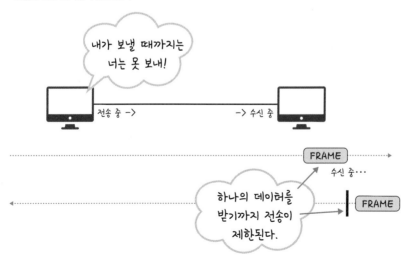

일반적으로 장치가 신호를 수신하기 시작하면 응답하기 전에 전송이 완료될 때까지 기다려야 합니다. 또한, 둘 이상의 장치가 동시에 전송하면 충돌이 발생하여 메시지가 손실되거나 왜곡될 수 있기 때문에 충돌 방지 시스템이 필요합니다.

CSMA/CA

CSMA/CA는 반이중화 통신 중 하나로 장치에서 데이터를 보내기 전에 일련의 과정을 기반으로 사전에 가능한 한 충돌을 방지하는 방식을 말합니다.

CSMA/CA로 프레임을 보낼 때 다음과 같은 과정이 일어납니다.

1. 사용 중인 채널이 있다면 다른 채널을 감지하다 유후 상태인 채널을 발견합니다.
2. 프레임 간 공간 시간인 IFS(InterFrame Space) 시간만큼 기다립니다. IFS는 프레임의 우선순위를 정의할 때도 사용됩니다. IFS가 낮으면 우선순위가 높습니다.
3. 프레임을 보내기 전 $0 \sim 2^k - 1$ 사이에서 결정된 랜덤 상수를 기반으로 결정된 시간만큼 기다린 뒤 프레임을 보냅니다. 프레임을 보낸 뒤 제대로 송신이 되었고 ACK 세그먼트를 받았다면 마칩니다. 그러나 받지 못했다면 $k = k + 1$을 하며 이 과정을 반복합니다. 반복하다 k가 정해진 Kmax보다 더 커진다면 해당 프레임 전송은 버립니다(abort).

참고로 이와 반대되는 전이중화 통신은 양방향 통신이 가능하므로 충돌 가능성이 없기 때문에 충돌을 감지하거나 방지하는 메커니즘이 필요하지 않습니다.

무선 LAN을 이루는 주파수

무선 LAN(WLAN, Wireless Local Area Network)은 무선 신호 전달 방식을 이용하여 2대 이상의 장치를 연결하는 기술입니다.

비유도 매체인 공기에 주파수를 쏘아 무선 통신망을 구축하는데, 주파수 대역은 2.4GHz 대역 또는 5GHz 대역 중 하나를 써서 구축합니다. 2.4GHz는 장애물에 강한 특성을 가지고 있지만 전자레인지, 무선 등 전파 간섭이 일어나는 경우가 많고 5GHz 대역은 사용할 수 있는 채널 수도 많고 동시에 사용할 수 있기 때문에 상대적으로 깨끗한 전파 환경을 구축할 수 있습니다. 그렇기 때문에 보통은 5GHz 대역을 사용하는 것이 좋습니다.

와이파이

와이파이(wifi)는 전자기기들이 무선 LAN 신호에 연결할 수 있게 하는 기술로, 이를 사용하려면 무선 접속 장치(AP, Access Point)가 있어야 합니다. 흔히 이를 공유기라고 하며, 이를 통해 유선 LAN에 흐르는 신호를 무선 LAN 신호로 바꿔주어 신호가 닿는 범위 내에서 무선 인터넷을 사용할 수 있게 됩니다. 참고로 무선 LAN을 이용한 기술로는 와이파이만 있는 것이 아니고 지그비, 블루투스 등이 있습니다.

BSS

BSS(Basic Service Set)는 기본 서비스 집합을 의미하며, 단순 공유기를 통해 네트워크에 접속하는 것이 아닌 동일 BSS 내에 있는 AP들과 장치들이 서로 통신이 가능한 구조를 말합니다. 근거리 무선 통신을 제공하고, 하나의 AP만을 기반으로 구축이 되어 있어 사용자가 한 곳에서 다른 곳으로 자유롭게 이동하며 네트워크에 접속하는 것은 불가능합니다.

ESS

ESS(Extended Service Set)는 하나 이상의 연결된 BSS 그룹입니다. 장거리 무선 통신을 제공하며 BSS보다 더 많은 가용성과 이동성을 지원합니다. 즉, 사용자는 한 장소에서 다른 장소로 이동하며 중단 없이 네트워크에 계속 연결할 수 있습니다.

다음은 BSS와 ESS를 설명한 그림입니다.

▼ **그림 2-29** BSS와 ESS

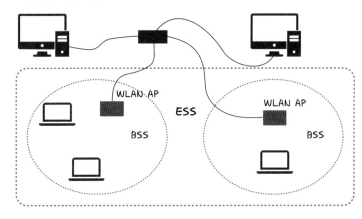

이더넷 프레임

참고로 데이터 링크 계층은 이더넷 프레임을 통해 전달받은 데이터의 에러를 검출하고 캡슐화하며 다음과 같은 구조를 가집니다.

▼ 그림 2-30 이더넷 프레임

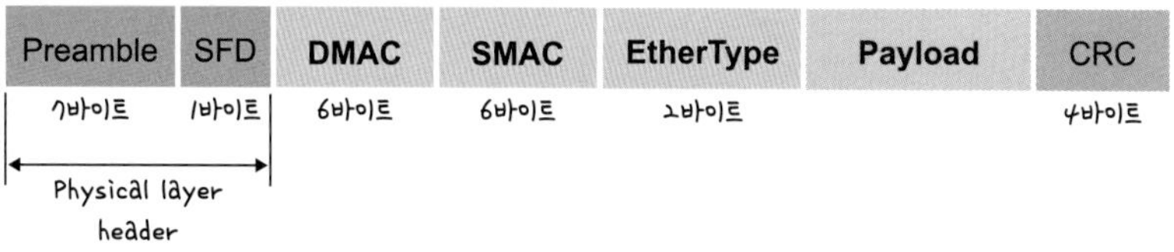

- **Preamble**: 이더넷 프레임이 시작임을 알립니다.
- **SFD(Start Frame Delimiter)**: 다음 바이트부터 MAC 주소 필드가 시작됨을 알립니다.
- **DMAC, SMAC**: 수신, 송신 MAC 주소를 말합니다.
- **EtherType**: 데이터 계층 위의 계층인 IP 프로토콜을 정의합니다. 예를 들어 IPv4 또는 IPv6가 됩니다.
- **Payload**: 전달받은 데이터
- **CRC**: 에러 확인 비트

> **용어**
>
> — **MAC 주소**
> 컴퓨터나 노트북 등 각 장치에는 네트워크에 연결하기 위한 장치(LAN 카드)가 있는데, 이를 구별하기 위한 식별번호를 말한다. 6바이트(48비트)로 구성된다.

계층 간 데이터 송수신 과정

필자가 컴퓨터를 통해 다른 컴퓨터로 데이터를 요청한다면 어떠한 일이 일어날까요? 예를 들어 HTTP를 통해 웹 서버에 있는 데이터를 요청한다면요? 다음과 같은 일이 일어납니다.

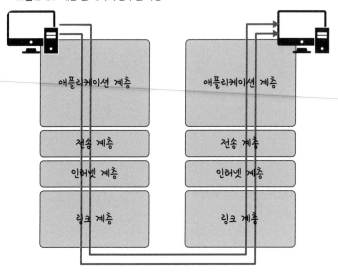

애플리케이션 계층에서 전송 계층으로 필자가 보내는 요청(request) 값들이 캡슐화 과정을 거쳐 전달되고, 다시 링크 계층을 통해 해당 서버와 통신을 하고, 해당 서버의 링크 계층으로부터 애플리케이션까지 비캡슐화 과정을 거쳐 데이터가 전송됩니다.

캡슐화 과정

캡슐화 과정은 상위 계층의 헤더와 데이터를 하위 계층의 데이터 부분에 포함시키고 해당 계층의 헤더를 삽입하는 과정을 말합니다.

▼ 그림 2-32 캡슐화 과정

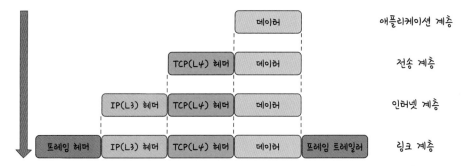

애플리케이션 계층의 데이터가 전송 계층으로 전달되면서 '세그먼트' 또는 '데이터그램'화되며 TCP(L4) 헤더가 붙여지게 됩니다. 그리고 이후 인터넷 계층으로 가면서 IP(L3) 헤더가 붙여지게 되며 '패킷'화가 되고, 이후 링크 계층으로 전달되면서 프레임 헤더와 프레임 트레일러가 붙어 '프레임'화가 됩니다.

비캡슐화 과정

비캡슐화 과정은 하위 계층에서 상위 계층으로 가며 각 계층의 헤더 부분을 제거하는 과정을 말합니다.

▼ **그림 2-33** 비캡슐화 과정

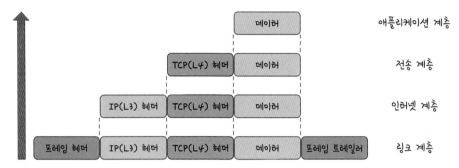

이렇게 캡슐화된 데이터를 받게 되면 링크 계층에서부터 타고 올라오면서 프레임화된 데이터는 다시 패킷화를 거쳐 세그먼트, 데이터그램화를 거쳐 메시지화가 되는 비캡슐화 과정이 일어납니다. 그 이후 최종적으로 사용자에게 애플리케이션의 PDU인 메시지로 전달됩니다.

2.2.2 PDU

네트워크의 어떠한 계층에서 계층으로 데이터가 전달될 때 한 덩어리의 단위를 PDU(Protocol Data Unit)라고 합니다.

PDU는 제어 관련 정보들이 포함된 '헤더', 데이터를 의미하는 '페이로드'로 구성되어 있으며 계층마다 부르는 명칭이 다릅니다.

- **애플리케이션 계층**: 메시지
- **전송 계층**: 세그먼트(TCP), 데이터그램(UDP)
- **인터넷 계층**: 패킷
- **링크 계층**: 프레임(데이터 링크 계층), 비트(물리 계층)

예를 들어 애플리케이션 계층은 '메시지'를 기반으로 데이터를 전달하는데, HTTP의 헤더가 문자열인 것을 예로 들 수 있습니다.

잠시 curl 명령어를 이용하여 www.naver.com으로 HTTP 요청을 해서 PDU 테스팅을 해보겠습니다.

참고로 다음 사이트를 통해 쉽게 curl 명령어로 다른 사이트에 요청할 수 있습니다.

- curl commands 온라인 사이트 링크: https://reqbin.com/curl

▼ **그림 2-34** curl을 테스팅할 수 있는 사이트

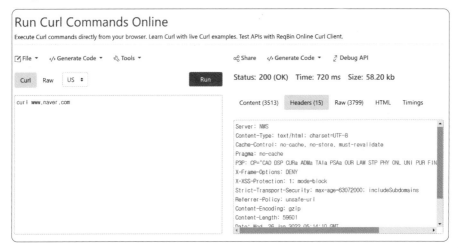

앞의 그림처럼 'curl www.naver.com'이란 명령어를 통해 요청했고 다음과 같은 응답 (response) 헤더 값이 나오는데, 이는 모두 문자열인 것을 알 수 있습니다.

```
Server: NWS
Content-Type: text/html; charset=UTF-8
Cache-Control: no-cache, no-store, must-revalidate
Pragma: no-cache
P3P: CP="CAO DSP CURa ADMa TAIa PSAa OUR LAW STP PHY ONL UNI PUR FIN COM
NAV INT DEM STA PRE"
X-Frame-Options: DENY
X-XSS-Protection: 1; mode=block
Strict-Transport-Security: max-age=63072000; includeSubdomains
Referrer-Policy: unsafe-url
Content-Encoding: gzip
Content-Length: 59601
Date: Wed, 26 Jan 2022 05:14:10 GMT
Connection: keep-alive
Vary: Accept-Encoding
```

참고로 PDU 중 아래 계층인 비트로 송수신하는 것이 모든 PDU 중 가장 빠르고 효율성이 높습니다. 하지만 애플리케이션 계층에서는 문자열을 기반으로 송수신을 하는데, 그 이유는 헤더에 authorization 값 등 다른 값들을 넣는 확장이 쉽기 때문입니다.

2.3 SECTION / 네트워크 기기

네트워크는 여러 개의 네트워크 기기를 기반으로 구축됩니다.

2.3.1 네트워크 기기의 처리 범위

네트워크 기기는 계층별로 처리 범위를 나눌 수 있습니다. 물리 계층을 처리할 수 있는 기기와 데이터 링크 계층을 처리할 수 있는 기기 등이 있습니다. 그리고 상위 계층을 처리하는 기기는 하위 계층을 처리할 수 있지만 그 반대는 불가합니다. 예를 들어 L7 스위치는 애플리케이션 계층을 처리하는 기기로, 그 밑의 모든 계층의 프로토콜을 처리할 수 있습니다. 하지만 AP는 물리 계층밖에 처리하지 못합니다.

- **애플리케이션 계층**: L7 스위치
- **인터넷 계층**: 라우터, L3 스위치
- **데이터 링크 계층**: L2 스위치, 브리지
- **물리 계층**: NIC, 리피터, AP

2.3.2 애플리케이션 계층을 처리하는 기기

애플리케이션 계층을 처리하는 기기로는 L7 스위치가 있습니다.

L7 스위치

스위치는 여러 장비를 연결하고 데이터 통신을 중재하며 목적지가 연결된 포트로만 전기 신호를 보내 데이터를 전송하는 통신 네트워크 장비입니다.

▼ **그림 2-35** L7 스위치

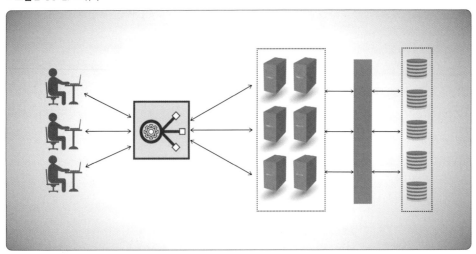

L7 스위치는 로드밸런서라고도 하며, 서버의 부하를 분산하는 기기입니다. 클라이언트로 부터 오는 요청들을 뒤쪽의 여러 서버로 나누는 역할을 하며 시스템이 처리할 수 있는 트 래픽 증가를 목표로 합니다.

URL, 서버, 캐시, 쿠키들을 기반으로 트래픽을 분산합니다. 또한, 바이러스, 불필요한 외 부 데이터 등을 걸러내는 필터링 기능 또한 가지고 있으며 응용 프로그램 수준의 트래픽 모니터링도 가능합니다.

만약 장애가 발생한 서버가 있다면 이를 트래픽 분산 대상에서 제외해야 하는데, 이는 정 기적으로 헬스 체크(health check)를 이용하여 감시하면서 이루어집니다.

L4 스위치와 L7 스위치 차이

로드밸런서로는 L7 스위치뿐만 아니라 L4 스위치도 있습니다. L4 스위치는 전송 계층을 처리하는 기기로 스트리밍 관련 서비스에서는 사용할 수 없으며 메시지를 기반으로 인식 하지 못하고 IP와 포트를 기반으로(특히 포트를 기반으로) 트래픽을 분산합니다. 반면 L7 로드밸런서는 IP, 포트 외에도 URL, HTTP 헤더, 쿠키 등을 기반으로 트래픽을 분산합 니다.

참고로 클라우드 서비스(AWS 등)에서 L7 스위치를 이용한 로드밸런싱은 ALB (Application Load Balancer) 컴포넌트로 하며, L4 스위치를 이용한 로드밸런싱은 NLB (Network Load Balancer) 컴포넌트로 합니다.

헬스 체크

L4 스위치 또는 L7 스위치 모두 헬스 체크를 통해 정상적인 서버 또는 비정상적인 서버를 판별하는데, 헬스 체크는 전송 주기와 재전송 횟수 등을 설정한 이후 반복적으로 서버에 요청을 보내는 것을 말합니다.

물론 이때 서버에 부하가 되지 않을 만큼 요청 횟수가 적절해야 합니다. TCP, HTTP 등 다양한 방법으로 요청을 보내며 이 요청이 정상적으로 이루어졌다면 정상적인 서버로 판 별합니다. 예를 들어 TCP 요청을 보냈는데 3-웨이 핸드셰이크가 정상적으로 일어나지 않았다면 정상이 아닌 것이죠.

로드밸런서를 이용한 서버 이중화

로드밸런서는 대표적인 기능으로 서버 이중화를 들 수 있습니다. 서비스를 안정적으로 운용하기 위해서는 2대 이상의 서버는 필수적입니다. 에러가 발생하여 서버 1대가 종료되더라도 서비스는 안정적으로 운용되어야 하기 때문이죠.

로드밸런서는 2대 이상의 서버를 기반으로 가상 IP를 제공하고 이를 기반으로 안정적인 서비스를 제공합니다.

▼ **그림 2-36** 로드밸런서의 서버 이중화

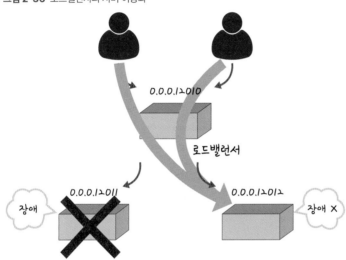

앞의 그림처럼 로드밸런서가 제공한 0.0.0.12010이란 가상 IP에 사용자들이 접근하고 뒷단에 사용 가능한 서버인 0.0.0.12011과 0.0.0.12012를 기반으로 서빙합니다. 이렇게 하면 0.0.0.12011이란 서버에 장애가 발생해도 그것과는 무방하게 0.0.0.12012 서버를 기반으로 안정적인 서비스를 운용할 수 있는 것이죠.

2.3.3 인터넷 계층을 처리하는 기기

인터넷 계층을 처리하는 기기로는 라우터, L3 스위치가 있습니다.

라우터

라우터(router)는 여러 개의 네트워크를 연결, 분할, 구분시켜주는 역할을 하며 "다른 네트워크에 존재하는 장치끼리 서로 데이터를 주고받을 때 패킷 소모를 최소화하고 경로를 최적화하여 최소 경로로 패킷을 포워딩"하는 라우팅을 하는 장비입니다.

▼ **그림 2-37** 라우터

L3 스위치

L3 스위치란 L2 스위치의 기능과 라우팅 기능을 갖춘 장비를 말합니다. L3 스위치를 라우터라고 해도 무방합니다. 라우터는 소프트웨어 기반의 라우팅과 하드웨어 기반의 라우팅을 하는 것으로 나눠지고 하드웨어 기반의 라우팅을 담당하는 장치를 L3 스위치라고 합니다.

▼ **표 2-1** L3 스위치와 L2 스위치 비교

구분	L2 스위치	L3 스위치
참조 테이블	MAC 주소 테이블	라우팅 테이블
참조 PDU	이더넷 프레임	IP 패킷
참조 주소	MAC 주소	IP 주소

2.3.4 데이터 링크 계층을 처리하는 기기

데이터 링크 계층을 처리하는 기기로는 L2 스위치와 브리지가 있습니다.

L2 스위치

L2 스위치는 장치들의 MAC 주소를 MAC 주소 테이블을 통해 관리하며, 연결된 장치로 부터 패킷이 왔을 때 패킷 전송을 담당합니다.

▼ **그림 2-38** L2 스위치

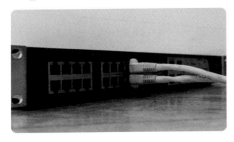

IP 주소를 이해하지 못해 IP 주소를 기반으로 라우팅은 불가능하며 단순히 패킷의 MAC 주소를 읽어 스위칭하는 역할을 합니다. 목적지가 MAC 주소 테이블에 없다면 전체 포트 에 전달하고 MAC 주소 테이블의 주소는 일정 시간 이후 삭제하는 기능도 있습니다.

브리지

브리지(bridge)는 두 개의 근거리 통신망(LAN)을 상호 접속할 수 있도록 하는 통신망 연결 장치로, 포트와 포트 사이의 다리 역할을 하며 장치에서 받아온 MAC 주소를 MAC 주소 테이블로 관리합니다.

▼ **그림 2-39** 브리지

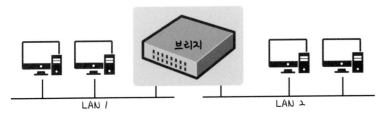

브리지는 통신망 범위를 확장하고 서로 다른 LAN 등으로 이루어진 '하나의' 통신망을 구축할 때 쓰입니다.

2.3.5 물리 계층을 처리하는 기기

물리 계층을 처리하는 기기는 NIC, 리피터, AP가 있습니다.

NIC

LAN 카드라고 하는 네트워크 인터페이스 카드(NIC, Network Interface Card)는 2대 이상의 컴퓨터 네트워크를 구성하는 데 사용하며, 네트워크와 빠른 속도로 데이터를 송수신할 수 있도록 컴퓨터 내에 설치하는 확장 카드입니다.

▼ 그림 2-40 NIC

각 LAN 카드에는 주민등록번호처럼 각각을 구분하기 위한 고유의 식별번호인 MAC 주소가 있습니다.

리피터

리피터(repeater)는 들어오는 약해진 신호 정도를 증폭하여 다른 쪽으로 전달하는 장치를 말합니다.

▼ 그림 2-41 리피터

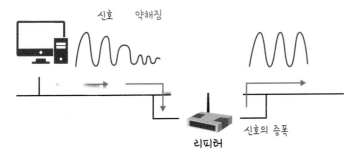

이를 통해 패킷이 더 멀리 갈 수 있습니다. 하지만 이는 광케이블이 보급됨에 따라 현재는 잘 쓰이지 않는 장치입니다.

AP

AP(Access Point)는 패킷을 복사하는 기기입니다.

▼ 그림 2-42 AP

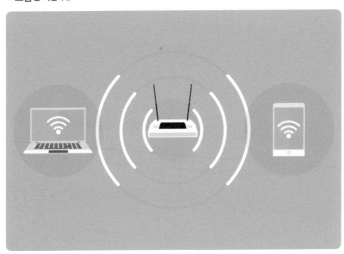

AP에 유선 LAN을 연결한 후 다른 장치에서 무선 LAN 기술(와이파이 등)을 사용하여 무선 네트워크 연결을 할 수 있습니다.

2.4

SECTION

IP 주소

앞서 인터넷 계층에 IP 주소를 쓴다고 했는데 IP 주소에 대해 조금 더 자세히 알아보겠습니다.

2.4.1 ARP

컴퓨터와 컴퓨터 간의 통신은 흔히들 IP 주소 기반으로 통신한다고 알고 있지만 정확히 이야기하자면 IP 주소에서 ARP를 통해 MAC 주소를 찾아 MAC 주소를 기반으로 통신합니다.

ARP(Address Resolution Protocol)란 IP 주소로부터 MAC 주소를 구하는 IP와 MAC 주소의 다리 역할을 하는 프로토콜입니다.

ARP를 통해 가상 주소인 IP 주소를 실제 주소인 MAC 주소로 변환합니다. 이와 반대로 RARP를 통해 실제 주소인 MAC 주소를 가상 주소인 IP 주소로 변환하기도 합니다.

▼ **그림 2-43** ARP와 RARP

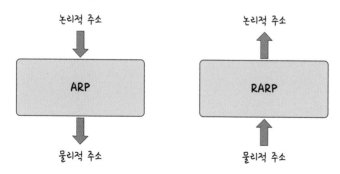

▼ 그림 2-44 ARP의 주소를 찾는 과정

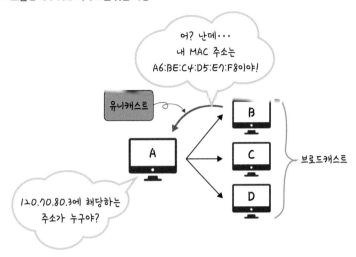

앞의 그림처럼 장치 A가 ARP Request 브로드캐스트를 보내서 IP 주소인 120.70.80.3에 해당하는 MAC 주소를 찾습니다. 그리고 나서 해당 주소에 맞는 장치 B가 ARP Reply 유니캐스트를 통해 MAC 주소를 반환하는 과정을 거쳐 IP 주소에 맞는 MAC 주소를 찾게 됩니다.

용어

— **브로드캐스트**
송신 호스트가 전송한 데이터가 네트워크에 연결된 모든 호스트에 전송되는 방식

— **유니캐스트**
고유 주소로 식별된 하나의 네트워크 목적지에 1:1로 데이터를 전송하는 방식

2.4.2 홉바이홉 통신

IP 주소를 통해 통신하는 과정을 홉바이홉 통신이라고 합니다. 여기서 홉(hop)이란 영어 뜻 자체로는 건너뛰는 모습을 의미합니다. 이는 통신망에서 각 패킷이 여러 개의 라우터를 건너가는 모습을 비유적으로 표현한 것입니다. 다음 그림처럼 수많은 서브네트워크 안에 있는 라우터의 라우팅 테이블 IP를 기반으로 패킷을 전달하고 또 전달해나가며 라우팅을 수행하며 최종 목적지까지 패킷을 전달합니다.

▼ 그림 2-45 홉바이홉 통신

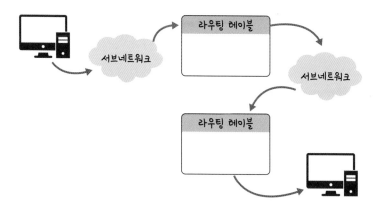

즉, 통신 장치에 있는 '라우팅 테이블'의 IP를 통해 시작 주소부터 시작하여 다음 IP로 계속해서 이동하는 '라우팅' 과정을 거쳐 패킷이 최종 목적지까지 도달하는 통신을 말합니다.

용어

── **라우팅**
IP 주소를 찾아가는 과정

라우팅 테이블

라우팅 테이블(routing table)은 송신지에서 수신지까지 도달하기 위해 사용되며 라우터에 들어가 있는 목적지 정보들과 그 목적지로 가기 위한 방법이 들어 있는 리스트를 뜻합니다. 라우팅 테이블에는 게이트웨이와 모든 목적지에 대해 해당 목적지에 도달하기 위해 거쳐야 할 다음 라우터의 정보를 가지고 있습니다.

게이트웨이

게이트웨이(gateway)는 서로 다른 통신망, 프로토콜을 사용하는 네트워크 간의 통신을 가능하게 하는 관문 역할을 하는 컴퓨터나 소프트웨어를 두루 일컫는 용어입니다.

▼ **그림 2-46** 게이트웨이

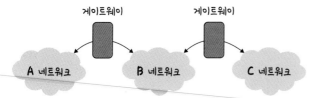

사용자는 인터넷에 접속하기 위해 수많은 톨게이트인 게이트웨이를 거쳐야 하며 게이트
웨이는 서로 다른 네트워크상의 통신 프로토콜을 변환해주는 역할을 하기도 합니다.

게이트웨이를 확인하는 방법은 라우팅 테이블을 통해 볼 수 있으며 라우팅 테이블은 윈도
우의 명령 프롬프트에서 netstat -r 명령어를 실행하여 확인할 수 있습니다.

▼ **그림 2-47** netstat -r 명령어 구동 모습

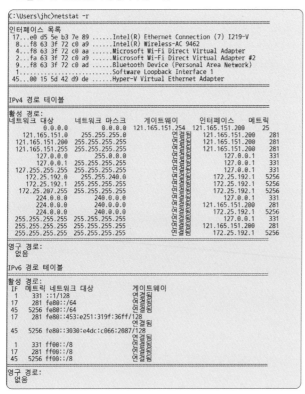

앞의 그림처럼 IPv4 경로 테이블, IPv6 경로 테이블이 있는데 이것이 바로 라우팅 테이블이며 게이트웨이, 인터페이스 등이 나오는 것을 볼 수 있습니다.

2.4.3 IP 주소 체계

IP 주소는 IPv4와 IPv6로 나뉩니다. IPv4는 32비트를 8비트 단위로 점을 찍어 표기하며, 123.45.67.89 같은 방식으로 IP 주소를 나타냅니다. IPv6는 64비트를 16비트 단위로 점을 찍어 표기하며, 2001:db8::ff00:42:8329 같은 방식으로 IP 주소를 나타냅니다.

▼ **그림 2-48** IPv4와 IPv6 비교

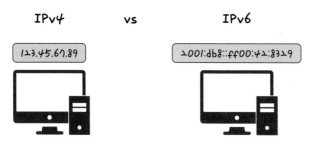

추세는 IPv6로 가고 있지만 현재 가장 많이 쓰이는 주소 체계는 IPv4이며 이후에 설명할 때도 IPv4를 기준으로 설명합니다.

클래스 기반 할당 방식

IP 주소 체계는 과거를 거쳐 발전해오고 있으며 처음에는 A, B, C, D, E 다섯 개의 클래스로 구분하는 클래스 기반 할당 방식(classful network addressing)을 썼습니다. 앞에 있는 부분을 네트워크 주소, 그 뒤에 있는 부분을 컴퓨터에 부여하는 주소인 호스트 주소로 놓아서 사용합니다.

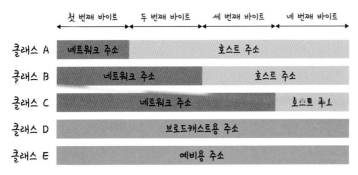

클래스 A · B · C는 일대일 통신으로 사용되고 클래스 D는 멀티캐스트 통신, 클래스 E 는 앞으로 사용할 예비용으로 쓰는 방식입니다. 예를 들어 클래스 A의 경우 0.0.0.0부터 127.255.255.255까지 범위를 갖습니다.

▼ 그림 2-50 클래스 기반 할당 방식 상세 내역

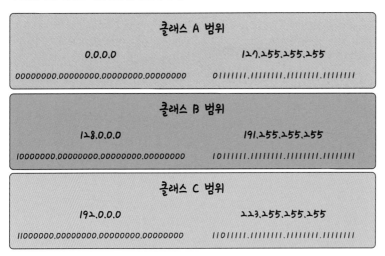

맨 왼쪽에 있는 비트를 '구분 비트'라고 합니다. 앞의 그림처럼 클래스 A의 경우 맨 왼쪽에 있는 비트가 0입니다. 클래스 B는 10입니다. 클래스 C는 110입니다. 이를 통해 클래스 간의 IP가 나눠집니다. 클래스 A에서 가질 수 있는 IP 범위는 00000000.00000000.000000 00.00000000~01111111.11111111.11111111.11111111입니다. 이를 십진수로 표현하면 0.0.0.0~127.255.255.255이죠. 다른 네트워크도 이런 식의 주소 범위를 가진다고 생각하면 됩니다.

또한, 네트워크의 첫 번째 주소는 네트워크 주소로 사용되고 가장 마지막 주소는 브로드
캐스트용 주소로 네트워크에 속해 있는 모든 컴퓨터에 데이터를 보낼 때 사용됩니다.

▼ **그림 2-51** 네트워크 주소와 브로드캐스트용 주소

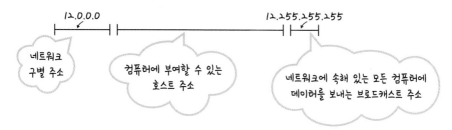

예를 들어 클래스 A로 12.0.0.0이란 네트워크를 부여받았다고 해봅시다. 그렇다면
12.0.0.1~12.255.255.254의 호스트 주소를 부여받은 것입니다. 이때 첫 번째 주소인
12.0.0.0은 네트워크 구별 주소로 사용하면 안 되고 가장 마지막 주소인 12.255.255.255
의 경우 브로드캐스트용으로 남겨두어야 하니 이 또한 사용하면 안 됩니다. 그렇기 때문
에 그 사이에 있는 12.0.0.1~12.255.255.254를 컴퓨터에 부여할 수 있는 호스트 주소로
사용할 수 있습니다.

하지만 이 방식은 사용하는 주소보다 버리는 주소가 많은 단점이 있었고 이를 해소하기
위해 DHCP와 IPv6, NAT가 나옵니다.

DHCP

DHCP(Dynamic Host Configuration Protocol)는 IP 주소 및 기타 통신 매개변수를 자동
으로 할당하기 위한 네트워크 관리 프로토콜입니다. 이 기술을 통해 네트워크 장치의 IP
주소를 수동으로 설정할 필요 없이 인터넷에 접속할 때마다 자동으로 IP 주소를 할당할 수
있습니다.

많은 라우터와 게이트웨이 장비에 DHCP 기능이 있으며 이를 통해 대부분의 가정용 네트
워크에서 IP 주소를 할당합니다.

NAT

NAT(Network Address Translation)는 패킷이 라우팅 장치를 통해 전송되는 동안 패킷의 IP 주소 정보를 수정하여 IP 주소를 다른 주소로 매핑하는 방법입니다. IPv4 주소 체계만으로는 많은 주소들을 모두 감당하지 못하는 단점이 있는데, 이를 해결하기 위해 NAT로 공인 IP와 사설 IP로 나눠서 많은 주소를 처리합니다. NAT를 가능하게 하는 소프트웨어는 ICS, RRAS, Netfilter 등이 있습니다.

▼ 그림 2-52 NAT

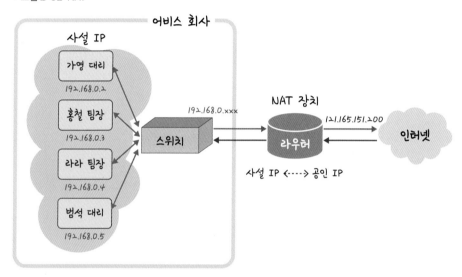

앞의 그림처럼 홍철 팀장, 가영 대리는 192.168.0.xxx를 기반으로 각각의 다른 IP를 가지고 있습니다. 이는 사설 IP라고 합니다. 그리고 NAT 장치를 통해 하나의 공인 IP인 121.165.151.200으로 외부 인터넷에 요청할 수 있습니다.

이를 통해 어비스 회사에 있는 홍철 팀장과 가영 대리는 하나의 IP인 121.165.151.200을 기반으로 각각의 다른 IP를 가지는 것처럼 인터넷을 사용할 수 있습니다. 이처럼 NAT 장치를 통해 사설 IP를 공인 IP로 변환하거나 공인 IP를 사설 IP로 변환하는 데 쓰입니다.

공유기와 NAT

NAT를 쓰는 이유는 주로 여러 대의 호스트가 하나의 공인 IP 주소를 사용하여 인터넷에 접속하기 위함입니다. 예를 들어 인터넷 회선 하나를 개통하고 인터넷 공유기를 달아서 여러 PC를 연결하여 사용할 수 있는데, 이것이 가능한 이유는 인터넷 공유기에 NAT 기능이 탑재되어 있기 때문입니다.

NAT를 이용한 보안

NAT를 이용하면 내부 네트워크에서 사용하는 IP 주소와 외부에 드러나는 IP 주소를 다르게 유지할 수 있기 때문에 내부 네트워크에 대한 어느 정도의 보안이 가능해집니다.

NAT의 단점

NAT는 여러 명이 동시에 인터넷을 접속하게 되므로 실제로 접속하는 호스트 숫자에 따라서 접속 속도가 느려질 수 있다는 단점이 있습니다.

2.4.4 IP 주소를 이용한 위치 정보

IP 주소는 인터넷에서 사용하는 네트워크 주소이기 때문에 이를 통해 동 또는 구까지 위치 추적이 가능합니다. 다음 사이트는 IP 주소를 기반으로 위치를 찾는 사이트입니다.

- mylocation 사이트 링크: https://mylocation.co.kr/

▼ 그림 2-53 IP 주소를 이용한 위치 정보

필자는 천호역 근처에 사는데 이렇게 거의 정확하게 나온 것을 알 수 있습니다.

2.5 / HTTP

SECTION

기본적으로 HTTP는 앞서 설명한 전송 계층 위에 있는 애플리케이션 계층으로서 웹 서비스 통신에 사용됩니다. HTTP/1.0부터 시작해서 발전을 거듭하여 지금은 HTTP/3이며 HTTP/1.0부터 HTTP/3까지 차근차근 알아보겠습니다.

2.5.1 HTTP/1.0

HTTP/1.0은 기본적으로 한 연결당 하나의 요청을 처리하도록 설계되었습니다. 이는 RTT 증가를 불러오게 되었습니다.

RTT 증가

▼ **그림 2-54** RTT 증가

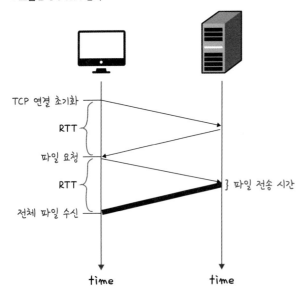

서버로부터 파일을 가져올 때마다 TCP의 3-웨이 핸드셰이크를 계속해서 열어야 하기 때문에 RTT가 증가하는 단점이 있었습니다.

RTT의 증가를 해결하기 위한 방법

매번 연결할 때마다 RTT가 증가하니 서버에 부담이 많이 가고 사용자 응답 시간이 길어졌습니다. 이를 해결하기 위해 이미지 스플리팅, 코드 압축, 이미지 Base64 인코딩을 사용하곤 했습니다.

이미지 스플리팅

많은 이미지를 다운로드받게 되면 과부하가 걸리기 때문에 많은 이미지가 합쳐 있는 하나의 이미지를 다운로드받고, 이를 기반으로 background-image의 position을 이용하여 이미지를 표기하는 방법입니다.

```css
#icons>li>a {
    background-image: url("icons.png");
    width: 25px;
    display: inline-block;
    height: 25px;
    repeat: no-repeat;
}
#icons>li:nth-child(1)>a {
    background-position: 2px -8px;
}
#icons>li:nth-child(2)>a {
    background-position: -29px -8px;
}
```

앞의 코드처럼 하나의 이미지인 icons.png를 기반으로 background − position을 통해 2개의 이미지를 설정한 것을 볼 수 있습니다.

코드 압축

코드 압축은 코드를 압축해서 개행 문자, 빈칸을 없애서 코드의 크기를 최소화하는 방법입니다.

예를 들어 다음과 같은 코드가 있다고 해봅시다.

자바스크립트

```javascript
const express = require('express')
const app = express()
const port = 3000

app.get('/', (req, res) => {
    res.send('Hello World!')
})

app.listen(port, () => {
    console.log(`Example app listening on port ${port}`)
})
```

앞의 코드를 다음과 같은 코드로 바꾸는 방법입니다.

자바스크립트

```javascript
const express=require("express"),app=express(),port=3e3;app.
get("/",(e,p)=>{p.send("Hello World!")}),app.listen(3e3,()=>{console.
log("Example app listening on port 3000")});
```

이렇게 개행 문자, 띄어쓰기 등이 사라져 코드가 압축되면 코드 용량이 줄어듭니다.

이미지 Base64 인코딩

이미지 파일을 64진법으로 이루어진 문자열로 인코딩하는 방법입니다. 이 방법을 사용하면 서버와의 연결을 열고 이미지에 대해 서버에 HTTP 요청을 할 필요가 없다는 장점이 있습니다. 하지만 Base64 문자열로 변환할 경우 37% 정도 크기가 더 커지는 단점이 있습니다. 더 자세한 설명은 필자의 영상(https://bit.ly/3NlyRU6)을 참고해주세요.

> **용어**
>
> — **인코딩**
> 정보의 형태나 형식을 표준화, 보안, 처리 속도 향상, 저장 공간 절약 등을 위해 다른 형태나 형식으로 변환하는
> 처리 방식

2.5.2 HTTP/1.1

HTTP/1.0에서 발전한 것이 바로 HTTP/1.1입니다. 매번 TCP 연결을 하는 것이 아니라 한 번 TCP 초기화를 한 이후에 keep-alive라는 옵션으로 여러 개의 파일을 송수신할 수 있게 바뀌었습니다. 참고로 HTTP/1.0에서도 keep-alive가 있었지만 표준화가 되어 있지 않았고 HTTP/1.1부터 표준화가 되어 기본 옵션으로 설정되었습니다.

▼ **그림 2-55** HTTP/1.0과 HTTP/1.1의 비교

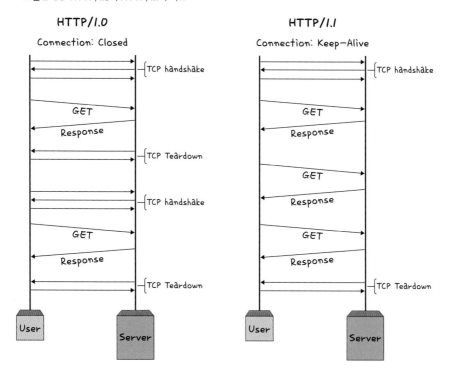

다음 그림처럼 한 번 TCP 3-웨이 핸드셰이크가 발생하면 그다음부터 발생하지 않는 것을 볼 수 있습니다. 하지만 문서 안에 포함된 다수의 리소스(이미지, 동영상, css 파일, js 파일 등)를 처리하려면 요청할 리소스 개수에 비례해서 대기 시간이 길어지는 단점이 있습니다.

HOL Blocking

HOL Blocking(Head Of Line Blocking)은 네트워크에서 같은 큐에 있는 패킷이 그 첫 번째 패킷에 의해 지연될 때 발생하는 성능 저하 현상을 말합니다.

▼ **그림 2-56** HOL Blocking

예를 들어 앞의 그림처럼 image.jpg와 styles.css, data.xml을 다운로드받을 때 보통은 순차적으로 잘 받아지지만 image.jpg가 느리게 받아진다면 그 뒤에 있는 것들이 대기하게 되며 다운로드가 지연되는 상태가 되는 것이죠.

무거운 헤더 구조

HTTP/1.1의 헤더에는 쿠키 등 많은 메타데이터가 들어 있고 압축이 되지 않아 무거웠습니다.

2.5.3 HTTP/2

HTTP/2는 SPDY 프로토콜에서 파생된 HTTP/1.x보다 지연 시간을 줄이고 응답 시간을 더 빠르게 할 수 있으며 멀티플렉싱, 헤더 압축, 서버 푸시, 요청의 우선순위 처리를 지원하는 프로토콜입니다.

멀티플렉싱

멀티플렉싱이란 여러 개의 스트림을 사용하여 송수신한다는 것입니다. 이를 통해 특정 스트림의 패킷이 손실되었다고 하더라도 해당 스트림에만 영향을 미치고 나머지 스트림은 멀쩡하게 동작할 수 있습니다.

> **용어**
>
> ── **스트림(stream)**
> 시간이 지남에 따라 사용할 수 있게 되는 일련의 데이터 요소를 가리키는 데이터 흐름

▼ 그림 2-57 멀티플렉싱

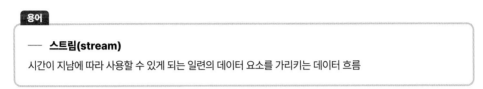

앞의 그림은 하나의 연결 내 여러 스트림을 캡처한 모습입니다. 병렬적인 스트림(stream)들을 통해 데이터를 서빙하고 있습니다. 또한, 스트림 내의 데이터들도 쪼개져 있죠. 애플리케이션에서 받아온 메시지를 독립된 프레임으로 조각내어 서로 송수신한 이후 다시 조립하며 데이터를 주고받습니다.

▼ 그림 2-58 멀티플렉싱

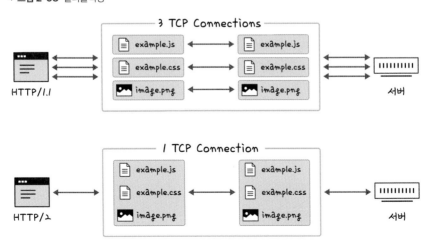

이를 통해 단일 연결을 사용하여 병렬로 여러 요청을 받을 수 있고 응답을 줄 수 있습니다. 이렇게 되면 HTTP/1.x에서 발생하는 문제인 HOL Blocking을 해결할 수 있습니다.

헤더 압축

HTTP/1.x에는 크기가 큰 헤더라는 문제가 있었습니다.

▼ 그림 2-59 헤더 압축

이를 HTTP/2에서는 헤더 압축을 써서 해결하는데, 허프만 코딩 압축 알고리즘을 사용하는 HPACK 압축 형식을 가집니다.

허프만 코딩

허프만 코딩(huffman coding)은 문자열을 문자 단위로 쪼개 빈도수를 세어 빈도가 높은 정보는 적은 비트 수를 사용하여 표현하고, 빈도가 낮은 정보는 비트 수를 많이 사용하여 표현해서 전체 데이터의 표현에 필요한 비트양을 줄이는 원리입니다.

서버 푸시

HTTP/1.1에서는 클라이언트가 서버에 요청을 해야 파일을 다운로드받을 수 있었다면, HTTP/2는 클라이언트 요청 없이 서버가 바로 리소스를 푸시할 수 있습니다.

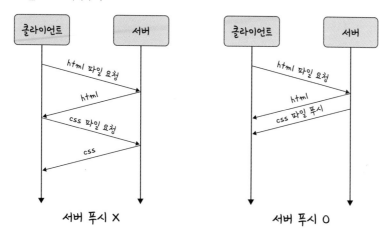

▼ 그림 2-60 서버 푸시

html에는 css나 js 파일이 포함되기 마련인데 html을 읽으면서 그 안에 들어 있던 css 파일을 서버에서 푸시하여 클라이언트에 먼저 줄 수 있습니다.

2.5.4 HTTPS

HTTP/2는 HTTPS 위에서 동작합니다. HTTPS는 애플리케이션 계층과 전송 계층 사이에 신뢰 계층인 SSL/TLS 계층을 넣은 신뢰할 수 있는 HTTP 요청을 말합니다. 이를 통해 '통신을 암호화'합니다.

SSL/TLS

SSL(Secure Socket Layer)은 SSL 1.0부터 시작해서 SSL 2.0, SSL 3.0, TLS(Transport Layer Security Protocol) 1.0, TLS 1.3까지 버전이 올라가며 마지막으로 TLS로 명칭이 변경되었으나, 보통 이를 합쳐 SSL/TLS로 많이 부릅니다. 이 책에서는 최신 TLS 버전인 TLS 1.3을 기반으로 설명합니다.

SSL/TLS은 전송 계층에서 보안을 제공하는 프로토콜입니다. 클라이언트와 서버가 통신할 때 SSL/TLS를 통해 제3자가 메시지를 도청하거나 변조하지 못하도록 합니다.

▼ **그림 2-61** SSL/TLS를 이용한 인터셉터 방지

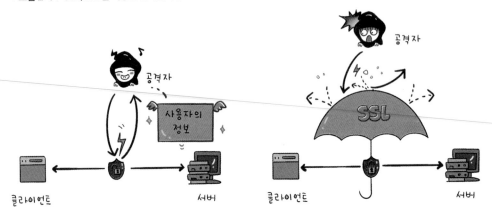

앞의 그림처럼 SSL/TLS를 통해 공격자가 서버인 척하며 사용자 정보를 가로채는 네트워크상의 '인터셉터'를 방지할 수 있습니다.

SSL/TLS는 보안 세션을 기반으로 데이터를 암호화하며 보안 세션이 만들어질 때 인증 메커니즘, 키 교환 암호화 알고리즘, 해싱 알고리즘이 사용됩니다.

보안 세션

보안 세션이란 보안이 시작되고 끝나는 동안 유지되는 세션을 말하고, SSL/TLS는 핸드셰이크를 통해 보안 세션을 생성하고 이를 기반으로 상태 정보 등을 공유합니다.

> **용어**
>
> ― **세션**
> 운영체제가 어떠한 사용자로부터 자신의 자산 이용을 허락하는 일정한 기간을 뜻한다. 즉, 사용자는 일정 시간 동안 응용 프로그램, 자원 등을 사용할 수 있다.

▼ **그림 2-62** TLS의 핸드셰이크

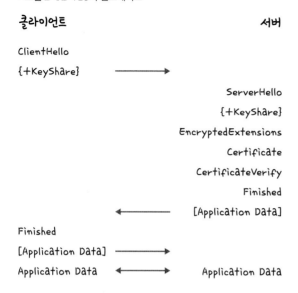

클라이언트와 서버와 키를 공유하고 이를 기반으로 인증, 인증 확인 등의 작업이 일어나는 단 한 번의 1-RTT가 생긴 후 데이터를 송수신하는 것을 볼 수 있습니다.

클라이언트에서 사이퍼 슈트(cypher suites)를 서버에 전달하면 서버는 받은 사이퍼 슈트의 암호화 알고리즘 리스트를 제공할 수 있는지 확인합니다. 제공할 수 있다면 서버에서 클라이언트로 인증서를 보내는 인증 메커니즘이 시작되고 이후 해싱 알고리즘 등으로 암호화된 데이터의 송수신이 시작됩니다.

사이퍼 슈트

사이퍼 슈트는 프로토콜, AEAD 사이퍼 모드, 해싱 알고리즘이 나열된 규약을 말하며, 다섯 개가 있습니다.

- TLS_AES_128_GCM_SHA256
- TLS_AES_256_GCM_SHA384
- TLS_CHACHA20_POLY1305_SHA256
- TLS_AES_128_CCM_SHA256
- TLS_AES_128_CCM_8_SHA256

예를 들어 TLS_AES_128_GCM_SHA256에는 세 가지 규약이 들어 있는데 TLS는 프로토콜, AES_128_GCM은 AEAD 사이퍼 모드, SHA256은 해싱 알고리즘을 뜻합니다.

AEAD 사이퍼 모드

AEAD(Authenticated Encryption with Associated Data)는 데이터 암호화 알고리즘이며 AES_128_GCM 등이 있습니다. 예를 들어 AES_128_GCM이라는 섯은 128비트의 키를 사용하는 표준 블록 암호화 기술과 병렬 계산에 용이한 암호화 알고리즘 GCM이 결합된 알고리즘을 뜻합니다.

인증 메커니즘

인증 메커니즘은 CA(Certificate Authorities)에서 발급한 인증서를 기반으로 이루어집니다. CA에서 발급한 인증서는 안전한 연결을 시작하는 데 있어 필요한 '공개키'를 클라이언트에 제공하고 사용자가 접속한 '서버가 신뢰'할 수 있는 서버임을 보장합니다. 인증서는 서비스 정보, 공개키, 지문, 디지털 서명 등으로 이루어져 있습니다.

참고로 CA는 아무 기업이나 할 수 있는 것이 아니고 신뢰성이 엄격하게 공인된 기업들만 참여할 수 있으며, 대표적인 기업으로는 Comodo, GoDaddy, GlobalSign, 아마존 등이 있습니다.

CA 발급 과정

자신의 서비스가 CA 인증서를 발급받으려면 자신의 사이트 정보와 공개키를 CA에 제출해야 합니다. 이후 CA는 공개키를 해시한 값인 지문(finger print)을 사용하는 CA의 비밀키 등을 기반으로 CA 인증서를 발급합니다.

용어

— **개인키**
비밀키라고도 하며, 개인이 소유하고 있는 키이자 반드시 자신만이 소유해야 하는 키

— **공개키**
공개되어 있는 키

암호화 알고리즘

키 교환 암호화 알고리즘으로는 대수곡선 기반의 ECDHE(Elliptic Curve Diffie-Hellman Ephermeral) 또는 모듈식 기반의 DHE(Diffie-Hellman Ephermeral)를 사용합니다. 둘 다 디피-헬만(Diffie-Hellman) 방식을 근간으로 만들어졌습니다.

디피-헬만 키 교환 암호화 알고리즘

디피-헬만 키 교환(Diffie-Hellman key exchange) 암호화 알고리즘은 암호키를 교환하는 하나의 방법입니다.

$$y = g^x \bmod p$$

앞의 식에서 g와 x와 p를 안다면 y는 구하기 쉽지만 g와 y와 p만 안다면 x를 구하기는 어렵다는 원리에 기반한 알고리즘입니다.

▼ **그림 2-63** 디피-헬만 키 교환 암호화 알고리즘

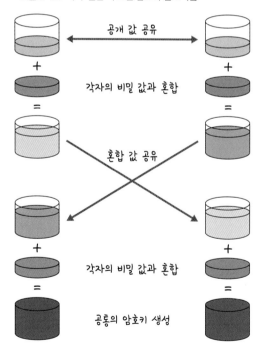

앞의 그림처럼 처음에 공개 값을 공유하고 각자의 비밀 값과 혼합한 후 혼합 값을 공유합니다. 그다음 각자의 비밀 값과 또 혼합합니다. 그 이후에 공통의 암호키인 PSK(Pre-Shared Key)가 생성되는 것이죠.

이렇게 클라이언트와 서버 모두 개인키와 공개키를 생성하고, 서로에게 공개키를 보내고 공개키와 개인키를 결합하여 PSK가 생성된다면, 임의의 악의적인 공격자가 개인키 또는 공개키를 가지고도 PSK가 없기 때문에 아무것도 할 수 없겠죠? 이를 통해 키를 암호화할 수 있는 것입니다.

해싱 알고리즘

해싱 알고리즘은 데이터를 추정하기 힘든 더 작고, 섞여 있는 조각으로 만드는 알고리즘입니다. SSL/TLS는 해싱 알고리즘으로 SHA-256 알고리즘과 SHA-384 알고리즘을 쓰며, 그중 많이 쓰는 SHA-256 알고리즘을 설명하겠습니다.

SHA-256 알고리즘

SHA-256 알고리즘은 해시 함수의 결괏값이 256비트인 알고리즘이며 비트 코인을 비롯한 많은 블록체인 시스템에서도 씁니다. SHA-256 알고리즘은 해싱을 해야 할 메시지에 1을 추가하는 등 전처리를 하고 전처리된 메시지를 기반으로 해시를 반환합니다.

▼ **그림 2-64** SHA-256

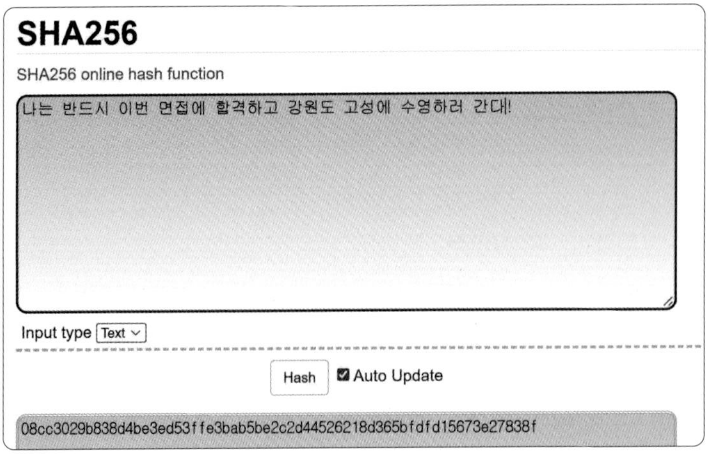

SHA256

SHA256 online hash function

나는 반드시 이번 면접에 합격하고 강원도 고성에 수영하러 간다!

Input type [Text ▽]

Hash ☑ Auto Update

08cc3029b838d4be3ed53ffe3bab5be2c2d44526218d365bfdfd15673e27838f

앞의 그림처럼 "나는 반드시 이번 면접에 합격하고 강원도 고성에 수영하러 간다!"라는 글자가 08cc3029b838d4be3ed53ffe3bab5be2c2d44526218d365bfdfd15673e27838f라는 도무지 무슨 뜻인지 알아들을 수 없는 문자열로 변환되는 것을 볼 수 있습니다. 참고로 SHA-256 등 다양한 해싱 알고리즘을 테스팅할 수 있는 사이트의 링크는 다음과 같습니다.

- SHA-256 사이트 링크: https://emn178.github.io/online-tools/sha256.html

> **용어**
>
> ── **해시**
> 다양한 길이를 가진 데이터를 고정된 길이를 가진 데이터로 매핑(mapping)한 값
>
> ── **해싱**
> 임의의 데이터를 해시로 바꿔주는 일이며 해시 함수가 이를 담당
>
> ── **해시 함수**
> 임의의 데이터를 입력으로 받아 일정한 길이의 데이터로 바꿔주는 함수

참고로 TLS 1.3은 사용자가 이전에 방문한 사이트로 다시 방문한다면 SSL/TLS에서 보안 세션을 만들 때 걸리는 통신을 하지 않아도 됩니다. 이를 0-RTT라고 합니다.

SEO에도 도움이 되는 HTTPS

구글(Google)은 SSL 인증서를 강조해왔고 사이트 내 모든 요소가 동일하다면 HTTPS 서비스를 하는 사이트가 그렇지 않은 사이트보다 SEO 순위가 높을 것이라고 공식적으로 밝혔습니다.

SEO(Search Engine Optimization)는 검색엔진 최적화를 뜻하며 사용자들이 구글, 네이버 같은 검색엔진으로 웹 사이트를 검색했을 때 그 결과를 페이지 상단에 노출시켜 많은 사람이 볼 수 있도록 최적화하는 방법을 의미합니다. 서비스를 운영한다면 SEO 관리는 필수입니다. 내가 만든 사이트에 많은 사람이 유입되면 좋겠죠? 이를 위한 방법으로 캐노니컬 설정, 메타 설정, 페이지 속도 개선, 사이트맵 관리 등이 있습니다.

캐노니컬 설정

```
<link rel="canonical" href="https://example.com/page2.php" />
```

앞처럼 사이트 link에 캐노니컬을 설정해야 합니다.

메타 설정

html 파일의 가장 윗부분인 메타를 잘 설정해야 합니다.

▼ **그림 2-65** 애플의 메타

```
<meta property="analytics-track" content="Apple - Index/Tab">
<meta property="analytics-s-channel" content="homepage">
<meta property="analytics-s-bucket-0" content="applestoreww">
<meta property="analytics-s-bucket-1" content="applestoreww">
<meta property="analytics-s-bucket-2" content="applestoreww">
<meta name="Description" content="Discover the innovative world of Apple and shop everything iPhone, iPad, Apple Watch, Mac,
and Apple TV, plus explore accessories, entertainment, and expert device support.">
<meta property="og:title" content="Apple">
```

최고의 웹 페이지라고 칭송받는 애플의 사이트는 앞의 그림처럼 하고 있는 것을 볼 수 있습니다. 메타를 잘 설정했죠?

페이지 속도 개선

사이트의 속도는 빨라야 합니다. 예를 들어 내가 서비스를 운용하는데, 서비스에 접속하는 데 10초가 걸리면 사용자가 서비스를 이용할까요? 페이지의 속도는 빨라야 합니다. 구글의 PageSpeedInsights로 가서 자신의 서비스에 대한 리포팅을 주기적으로 받으며 관리해야 합니다.

- 페이지 인사이트 링크: https://developers.google.com/speed/pagespeed/insights/

▼ **그림 2-66** 페이지 인사이트

앞의 그림에서 해당 주소를 넣어 페이지 속도 리포팅을 받아볼 수 있습니다. 네이버 사이트를 테스팅해보겠습니다.

▼ **그림 2-67** 페이지 인사이트 내용

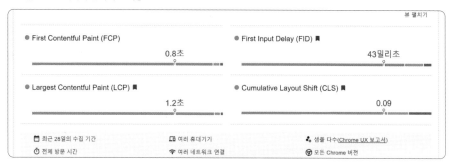

앞의 그림처럼 잘 나오는 것을 볼 수 있습니다.

사이트맵 관리

사이트맵(sitemap.xml)을 정기적으로 관리하는 것은 필수입니다. 사이트맵 제너레이터를 사용하거나 직접 코드를 만들어 구축해도 됩니다. 사이트맵은 다음과 같은 형식의 xml 파일을 말합니다. xml의 자세한 설명은 필자의 유튜브 채널, '큰돌의 터전 – 대표적인 데이터포맷 XML' 영상을 참고하세요.

출력

```
<?xml version="1.0" encoding="utf-8"?>
<urlset xmlns="http://www.sitemaps.org/schemas/sitemap/0.9">
<url>
<loc>http://kundol.co.kr/</loc>
<lastmod>수정날짜</lastmod>
<changefreq>daily</changefreq>
<priority>1.1</priority>
</url>
</urlset>
```

HTTPS 구축 방법

HTTPS 구축 방법은 크게 세 가지입니다. 직접 CA에서 구매한 인증키를 기반으로 HTTPS 서비스를 구축하거나, 서버 앞단의 HTTPS를 제공하는 로드밸런서를 두거나, 서버 앞단에 HTTPS를 제공하는 CDN을 둬서 구축합니다.

2.5.5 HTTP/3

HTTP/3은 HTTP/1.1 및 HTTP/2와 함께 World Wide Web에서 정보를 교환하는 데 사용되는 HTTP의 세 번째 버전입니다. TCP 위에서 돌아가는 HTTP/2와는 달리 HTTP/3은 QUIC이라는 계층 위에서 돌아가며, TCP 기반이 아닌 UDP 기반으로 돌아갑니다.

▼ **그림 2-68** HTTP/2와 HTTP/3 비교

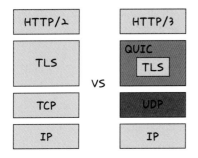

또한, HTTP/2에서 장점이었던 멀티플렉싱을 가지고 있으며 초기 연결 설정 시 지연 시간 감소라는 장점이 있습니다.

초기 연결 설정 시 지연 시간 감소

QUIC은 TCP를 사용하지 않기 때문에 통신을 시작할 때 번거로운 3-웨이 핸드셰이크 과정을 거치지 않아도 됩니다.

▼ **그림 2-69** RTT의 감소

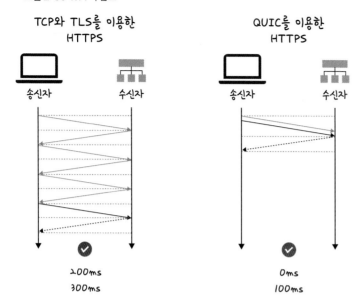

▼ **그림 2-69** RTT의 감소

QUIC은 첫 연결 설정에 1–RTT만 소요됩니다. 클라이언트가 서버에 어떤 신호를 한 번 주고, 서버도 거기에 응답하기만 하면 바로 본 통신을 시작할 수 있다는 것이죠.

참고로 QUIC은 순방향 오류 수정 메커니즘(FEC, Forword Error Correction)이 적용되었습니다. 이는 전송한 패킷이 손실되었다면 수신 측에서 에러를 검출하고 수정하는 방식이며 열악한 네트워크 환경에서도 낮은 패킷 손실률을 자랑합니다.

Q OSI 7계층과 TCP/IP 4계층의 차이점은 무엇인가요?

A TCP/IP 계층과 달리 OSI 계층은 애플리케이션 계층을 세 개로 쪼개고 링크 계층을 데이터 링크 계층, 물리 계층으로 나눠서 설명하는 것이 다르며, 인터넷 계층을 네트워크 계층으로 부른다는 점이 다릅니다.

Q HTTP/2를 설명하고 장점 두 가지를 설명하세요.

A HTTP/2는 HTTP/1.x보다 지연 시간을 줄이고 응답 시간을 더 빠르게 할 수 있으며 멀티플렉싱, 헤더 압축, 서버 푸시, 요청의 우선순위 처리를 지원하는 프로토콜입니다.

장점 두 가지로 멀티플렉싱과 서버 푸시를 들겠습니다.

멀티플렉싱이란 여러 개의 스트림을 사용하여 송수신한다는 것입니다. 이를 통해 특정 스트림의 패킷이 손실되었다고 하더라도 해당 스트림에만 영향을 미치고 나머지 스트림은 멀쩡하게 동작할 수 있습니다.

서버 푸시란 HTTP/1.1에서는 클라이언트가 서버에 요청을 해야 파일을 다운로드 받을 수 있었다면, HTTP/2는 클라이언트 요청 없이 서버가 바로 리소스를 푸시하는 것을 말합니다. html에는 css나 js 파일이 포함되기 마련인데 html을 읽으면서 그 안에 들어 있던 css 파일을 서버에서 푸시하여 클라이언트에 먼저 줄 수 있습니다.

Q www.naver.com을 주소창에 입력하면 어떻게 될까요?

A 이 문제의 답은 필자의 유튜브 채널, '큰돌의 터전 – www.naver.com을 주소창에 치면 어떻게 될까요?' 영상을 참고하세요.

운영체제

운영체제(OS, Operating System)는 사용자가 컴퓨터를 쉽게 다루게 해주는 인터페이스입니다. 한정된 메모리나 시스템 자원을 효율적으로 분배하는 참된 일꾼입니다. 참고로 운영체제와 유사하지만 소프트웨어를 추가로 설치할 수 없는 것을 펌웨어(firmware)라고 합니다.

3.1 / 운영체제와 컴퓨터

하드웨어와 소프트웨어(유저 프로그램)를 관리하는 일꾼인 운영체제와 CPU, 메모리 등으로 이루어진 컴퓨터를 알아보겠습니다.

3.1.1 운영체제의 역할과 구조

운영체제의 역할

운영체제의 역할은 크게 네 가지가 있습니다.

1. **CPU 스케줄링과 프로세스 관리**: CPU 소유권을 어떤 프로세스에 할당할지, 프로세스의 생성과 삭제, 자원 할당 및 반환을 관리합니다.
2. **메모리 관리**: 한정된 메모리를 어떤 프로세스에 얼마큼 할당해야 하는지 관리합니다.
3. **디스크 파일 관리**: 디스크 파일을 어떠한 방법으로 보관할지 관리합니다.
4. **I/O 디바이스 관리**: I/O 디바이스들인 마우스, 키보드와 컴퓨터 간에 데이터를 주고받는 것을 관리합니다.

운영체제의 구조

운영체제의 구조는 다음과 같습니다.

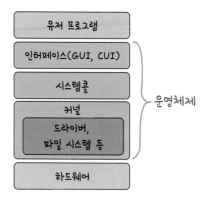

유저 프로그램이 맨 위에 있고 그다음으로 GUI, 시스템콜, 커널, 드라이버가 있으며 가장 밑에 하드웨어가 있는 구조입니다. 그리고 여기서 GUI, 시스템콜, 커널, 드라이버 부분이 바로 운영체제를 지칭합니다. 참고로 GUI가 없고 CUI만 있는 리눅스 서버도 있습니다.

> **용어**
>
> — **GUI**
>
> 사용자가 전자장치와 상호 작용할 수 있도록 하는 사용자 인터페이스의 한 형태, 단순 명령어 창이 아닌 아이콘을 마우스로 클릭하는 단순한 동작으로 컴퓨터와 상호 작용할 수 있도록 해준다.
>
> — **드라이버**
>
> 하드웨어를 제어하기 위한 소프트웨어
>
> — **CUI**
>
> 그래픽이 아닌 명령어로 처리하는 인터페이스

시스템콜

시스템콜이란 운영체제가 커널에 접근하기 위한 인터페이스이며 유저 프로그램이 운영체제의 서비스를 받기 위해 커널 함수를 호출할 때 씁니다.

유저 프로그램이 I/O 요청으로 트랩(trap)을 발동하면 올바른 I/O 요청인지 확인한 후 유저 모드가 시스템콜을 통해 커널 모드로 변환되어 실행됩니다. 예를 들어 I/O 요청인 fs.readFile()이라는 파일 시스템의 파일을 읽는 함수가 발동했다고 해봅시다.

▼ **그림 3-2** 시스템콜

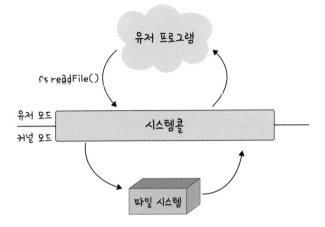

이때 유저 모드에서 파일을 읽지 않고 커널 모드로 들어가 파일을 읽고 다시 유저 모드로 돌아가 그 뒤에 있는 유저 프로그램의 로직을 수행합니다. 이 과정을 통해 컴퓨터 자원에 대한 직접 접근을 차단할 수 있고 프로그램을 다른 프로그램으로부터 보호할 수 있습니다.

용어

— **I/O 요청**
입출력 함수, 데이터베이스, 네트워크, 파일 접근 등에 관한 일

— **드라이버**
하드웨어를 제어하기 위한 소프트웨어

▼ **그림 3-3** 시스템콜과 커널, 운영체제

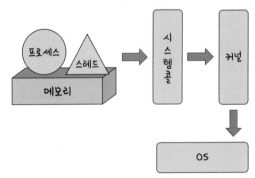

앞의 그림처럼 프로세스나 스레드에서 운영체제로 어떠한 요청을 할 때 시스템콜이라는 인터페이스와 커널을 거쳐 운영체제에 전달됩니다.

이 시스템콜은 하나의 추상화 계층입니다. 그렇기 때문에 이를 통해 네트워크 통신이나 데이터베이스와 같은 낮은 단계의 영역 처리에 대한 부분을 많이 신경 쓰지 않고 프로그램을 구현할 수 있는 장점이 있습니다.

modebit

시스템콜이 작동될 때 modebit을 참고해서 유저 모드와 커널 모드를 구분합니다. modebit은 1 또는 0의 값을 가지는 플래그 변수입니다. 카메라, 키보드 등 I/O 디바이스는 운영체제를 통해서만 작동해야 합니다. 카메라를 켜는 프로그램이 있다고 해봅시다. 만약 유저 모드를 기반으로 카메라가 켜진다면, 사용자가 의도하지 않았는데 공격자가 카메라를 갑자기 켤 수 있는 등 나쁜 짓을 하기가 쉽습니다.

물론 커널 모드를 거쳐 운영체제를 통해 작동한다고 해도 100% 막을 수는 없지만, 운영체제를 통해 작동하게 해야 막기가 쉽습니다. 이를 위한 장치가 바로 modebit입니다. modebit의 0은 커널 모드, 1은 유저 모드라고 설정됩니다.

▼ **그림 3-4** modebit의 역할

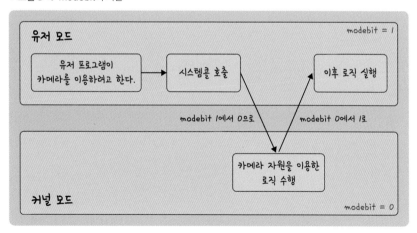

앞의 그림처럼 유저 프로그램이 카메라를 이용하려고 할 때 시스템콜을 호출하고 modebit 을 1에서 0으로 바꾸며 커널 모드로 변경한 후 카메라 자원을 이용한 로직을 수행합니다. 그 이후에 modebit을 0에서 1로 바꿔서 유저 모드로 변경하고 이후 로직을 수행합니다.

> **용어**
>
> **— 유저 모드**
> 유저가 접근할 수 있는 영역을 제한적으로 두며 컴퓨터 자원에 함부로 침범하지 못하는 모드
>
> **— 커널 모드**
> 모든 컴퓨터 자원에 접근할 수 있는 모드
>
> **— 커널**
> 운영체제의 핵심 부분이자 시스템콜 인터페이스를 제공하며 보안, 메모리, 프로세스, 파일 시스템, I/O 디바이스, I/O 요청 관리 등 운영체제의 중추적인 역할을 한다.

3.1.2 컴퓨터의 요소

컴퓨터는 CPU, DMA 컨트롤러, 메모리, 타이머, 디바이스 컨트롤러 등으로 이루어져 있습니다.

▼ **그림 3-5** 컴퓨터의 요소

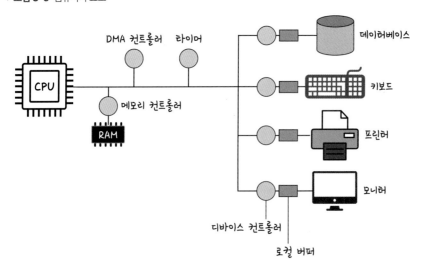

CPU

CPU(Central Processing Unit)는 산술논리연산장치, 제어장치, 레지스터로 구성되어 있는 컴퓨터 장치를 말하며, 인터럽트에 의해 단순히 메모리에 존재하는 명령어를 해석해서 실행하는 일꾼입니다.

▼ **그림 3-6** CPU라는 일꾼

앞의 그림처럼 관리자 역할을 하는 운영체제의 커널이 프로그램을 메모리에 올려 프로세스로 만들면 일꾼인 CPU가 이를 처리합니다.

제어장치

제어장치(CU, Control Unit)는 프로세스 조작을 지시하는 CPU의 한 부품입니다. 입출력장치 간 통신을 제어하고 명령어들을 읽고 해석하며 데이터 처리를 위한 순서를 결정합니다.

레지스터

레지스터는 CPU 안에 있는 매우 빠른 임시기억장치를 가리킵니다. CPU와 직접 연결되어 있으므로 연산 속도가 메모리보다 수십 배에서 수백 배까지 빠릅니다. CPU는 자체적으로 데이터를 저장할 방법이 없기 때문에 레지스터를 거쳐 데이터를 전달합니다.

산술논리연산장치

산술논리연산장치(ALU, Arithmetic Logic Unit)는 덧셈, 뺄셈 같은 두 숫자의 산술 연산과 배타적 논리합, 논리곱 같은 논리 연산을 계산하는 디지털 회로입니다.

CPU의 연산 처리

CPU에서 제어장치, 레지스터, 산술논리연산장치를 통해 연산하는 예는 다음과 같습니다.

▼ 그림 3-7 CPU 연산 처리

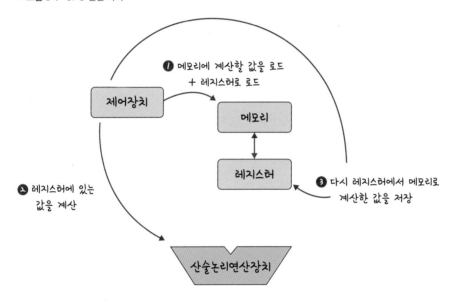

❶ 제어장치가 메모리에 계산할 값을 로드합니다. 또한, 레지스터에도 로드합니다.

❷ 제어장치가 레지스터에 있는 값을 계산하라고 산술논리연산장치에 명령합니다.

❸ 제어장치가 계산된 값을 다시 '레지스터에서 메모리로' 계산한 값을 저장합니다.

인터럽트

인터럽트는 어떤 신호가 들어왔을 때 CPU를 잠깐 정지시키는 것을 말합니다. 키보드, 마우스 등 IO 디바이스로 인한 인터럽트, 0으로 숫자를 나누는 산술 연산에서의 인터럽트, 프로세스 오류 등으로 발생합니다.

인터럽트가 발생되면 인터럽트 핸들러 함수가 모여 있는 인터럽트 벡터로 가서 인터럽트 핸들러 함수가 실행됩니다. 인터럽트 간에는 우선순위가 있고 우선순위에 따라 실행되며 인터럽트는 하드웨어 인터럽트, 소프트웨어 인터럽트 두 가지로 나뉩니다.

> **용어**
>
> — **인터럽트 핸들러 함수**
> 인터럽트가 발생했을 때 이를 핸들링하기 위한 함수. 커널 내부의 IRQ를 통해 호출되며 request_irq()를 통해 인터럽트 핸들러 함수를 등록할 수 있다.

하드웨어 인터럽트

하드웨어 인터럽트는 키보드를 연결한다거나 마우스를 연결하는 일 등의 IO 디바이스에서 발생하는 인터럽트를 말합니다.

이때 인터럽트 라인이 설계된 이후 순차적인 인터럽트 실행을 중지하고 운영체제에 시스템콜을 요청해서 원하는 디바이스로 향해 디바이스에 있는 작은 로컬 버퍼에 접근하여 일을 수행합니다.

소프트웨어 인터럽트

소프트웨어 인터럽트는 트랩(trap)이라고도 합니다. 프로세스 오류 등으로 프로세스가 시스템콜을 호출할 때 발동합니다.

DMA 컨트롤러

DMA 컨트롤러는 I/O 디바이스가 메모리에 직접 접근할 수 있도록 하는 하드웨어 장치를 뜻합니다. CPU에만 너무 많은 인터럽트 요청이 들어오기 때문에 CPU 부하를 막아주며 CPU의 일을 부담하는 보조 일꾼이라고 보면 됩니다. 또한, 하나의 작업을 CPU와 DMA 컨트롤러가 동시에 하는 것을 방지합니다.

메모리

메모리(memory)는 전자회로에서 데이터나 상태, 명령어 등을 기록하는 장치를 말하며, 보통 RAM(Random Access Memory)을 일컬어 메모리라고도 합니다. CPU는 계산을 담당하고, 메모리는 기억을 담당합니다.

공장에 비유하자면 CPU는 일꾼이고, 메모리는 작업장이며, 작업장의 크기가 곧 메모리의 크기입니다. 작업장이 클수록 창고에서 물건을 많이 가져다놓고 많은 일을 할 수 있듯이 메모리가 크면 클수록 많은 일을 동시에 할 수 있습니다.

타이머

타이머(timer)는 몇 초 안에는 작업이 끝나야 한다는 것을 정하고 특정 프로그램에 시간 제한을 다는 역할을 합니다. 시간이 많이 걸리는 프로그램이 작동할 때 제한을 걸기 위해 존재합니다.

디바이스 컨트롤러

디바이스 컨트롤러(device controller)는 컴퓨터와 연결되어 있는 IO 디바이스들의 작은 CPU를 말하고 옆에 붙어 있는 로컬 버퍼는 각 디바이스에서 데이터를 임시로 저장하기 위한 작은 메모리를 뜻합니다.

3.2 / 메모리
SECTION

CPU는 그저 '메모리'에 올라와 있는 프로그램의 명령어들을 실행할 뿐입니다. 메모리 계층과 메모리 관리를 알아보겠습니다.

3.2.1 메모리 계층

메모리 계층은 레지스터, 캐시, 메모리, 저장장치로 구성되어 있습니다.

▼ 그림 3-8 메모리 계층

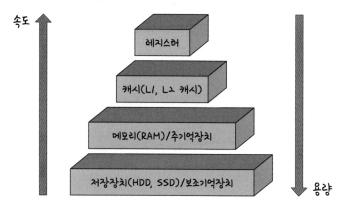

- **레지스터**: CPU 안에 있는 작은 메모리, 휘발성, 속도 가장 빠름, 기억 용량이 가장 적습니다.
- **캐시**: L1, L2 캐시를 지칭합니다. 휘발성, 속도 빠름, 기억 용량이 적습니다. 참고로 L3 캐시도 있습니다.
- **주기억장치**: RAM을 가리킵니다. 휘발성, 속도 보통, 기억 용량이 보통입니다.
- **보조기억장치**: HDD, SSD를 일컬으며 비휘발성, 속도 낮음, 기억 용량이 많습니다.

램은 하드디스크로부터 일정량의 데이터를 복사해서 임시 저장하고 이를 필요 시마다 CPU에 빠르게 전달하는 역할을 합니다. 계층 위로 올라갈수록 가격은 비싸지는데 용량은 작아지고 속도는 빨라지는 특징이 있습니다. 이러한 계층이 있는 이유는 경제성과 캐시 때문입니다. 예를 들어 16GB RAM은 8만 원이면 삽니다. 하지만 16GB SSD는 훨씬 더 싼 가격에 살 수 있죠. 이러한 경제성 때문에 계층을 두어 관리합니다.

이러한 계층 구조는 일상생활에서 경험할 수 있는데 게임을 실행하다 보면 '로딩 중'이라는 메시지가 나오는 것을 볼 수 있습니다. 이는 하드디스크 또는 인터넷에서 데이터를 읽어 RAM으로 전송하는 과정이 아직 끝나지 않음을 의미합니다.

캐시

캐시(cache)는 데이터를 미리 복사해 놓는 임시 저장소이자 빠른 장치와 느린 장치에서 속도 차이에 따른 병목 현상을 줄이기 위한 메모리를 말합니다. 이를 통해 데이터를 접근하는 시간이 오래 걸리는 경우를 해결하고 무언가를 다시 계산하는 시간을 절약할 수 있습니다.

실제로 메모리와 CPU 사이의 속도 차이가 너무 크기 때문에 그 중간에 레지스터 계층을 둬서 속도 차이를 해결합니다. 이렇게 속도 차이를 해결하기 위해 계층과 계층 사이에 있는 계층을 캐싱 계층이라고 합니다. 예를 들어 캐시 메모리와 보조기억장치 사이에 있는 주기억장치를 보조기억장치의 캐싱 계층이라고 할 수 있습니다.

지역성의 원리

그렇다면 캐시 계층을 두는 것 말고 캐시를 직접 설정할 때는 어떻게 해야 할까요?

이는 자주 사용하는 데이터를 기반으로 설정해야 합니다. 그렇다면 자주 사용하는 데이터에 대한 근거가 되는 것은 무엇일까요? 바로 지역성입니다. 지역성은 시간 지역성(temporal locality)과 공간 지역성(spatial locality)으로 나뉩니다.

시간 지역성

시간 지역성은 최근 사용한 데이터에 다시 접근하려는 특성을 말합니다. 예를 들어 for 반복문으로 이루어진 코드 안의 변수 i에 계속해서 접근이 이루어지겠죠? 여기서 데이터는 변수 i이고 최근에 사용했기 때문에 계속 접근해서 +1을 연이어 하는 것을 볼 수 있습니다.

자바스크립트   코드 위치: ch3/1.js

```javascript
let arr = Array.from({length : 10}, ()=> 0);
console.log(arr)
for (let i = 0; i < 10; i += 1) {
    arr[i] = i;
}
console.log(arr)
/*
[
```

```
   0, 0, 0, 0, 0,
   0, 0, 0, 0, 0
]
[
   0, 1, 2, 3, 4,
   5, 6, 7, 8, 9
]
*/
```

공간 지역성

공간 지역성은 최근 접근한 데이터를 이루고 있는 공간이나 그 가까운 공간에 접근하는 특성을 말합니다. 앞의 코드에서 공간을 나타내는 배열 arr의 각 요소들에 i가 할당되며 해당 배열에 연속적으로 접근함을 알 수 있죠?

캐시히트와 캐시미스

캐시에서 원하는 데이터를 찾았다면 캐시히트라고 하며, 해당 데이터가 캐시에 없다면 주 메모리로 가서 데이터를 찾아오는 것을 캐시미스라고 합니다.

▼ 그림 3-9 캐시히트와 캐시미스

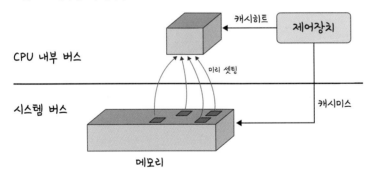

앞의 그림처럼 캐시히트를 하게 되면 해당 데이터를 제어장치를 거쳐 가져오게 됩니다. 캐시히트의 경우 위치도 가깝고 CPU 내부 버스를 기반으로 작동하기 때문에 빠릅니다. 반면에 캐시미스가 발생되면 메모리에서 가져오게 되는데, 이는 시스템 버스를 기반으로 작동하기 때문에 느립니다.

캐시매핑

캐시매핑이란 캐시가 히트되기 위해 매핑하는 방법을 말하며 CPU의 레지스터와 주 메모리(RAM) 간에 데이터를 주고받을 때를 기반으로 설명합니다. 레지스터는 주 메모리에 비하면 굉장히 작고 주 메모리는 굉장히 크기 때문에 작은 레지스터가 캐시 계층으로써 역할을 잘 해주려면 이 매핑을 어떻게 하느냐가 중요합니다.

▼ 표 3-1 캐시매핑 분류

이름	설명
직접 매핑 (directed mapping)	메모리가 1~100이 있고 캐시가 1~10이 있다면 1:1~10, 2:1~20… 이런 식으로 매핑하는 것을 말합니다. 처리가 빠르지만 충돌 발생이 잦습니다.
연관 매핑 (associative mapping)	순서를 일치시키지 않고 관련 있는 캐시와 메모리를 매핑합니다. 충돌이 적지만 모든 블록을 탐색해야 해서 속도가 느립니다.
집합 연관 매핑 (set associative mapping)	직접 매핑과 연관 매핑을 합쳐 놓은 것입니다. 순서는 일치시키지만 집합을 둬서 저장하며 블록화되어 있기 때문에 검색은 좀 더 효율적입니다. 예를 들어 메모리가 1~100이 있고 캐시가 1~10이 있다면 캐시 1~5에는 1~50의 데이터를 무작위로 저장시키는 것을 말합니다.

웹 브라우저의 캐시

소프트웨어적인 대표적인 캐시로는 웹 브라우저의 작은 저장소 쿠키, 로컬 스토리지, 세션 스토리지가 있습니다. 보통 사용자의 커스텀한 정보나 인증 모듈 관련 사항들을 웹 브라우저에 저장해서 추후 서버에 요청할 때 자신을 나타내는 아이덴티티나 중복 요청 방지를 위해 쓰이며 오리진(origin)에 종속됩니다.

쿠키

쿠키는 만료기한이 있는 키-값 저장소입니다. same site 옵션을 strict로 설정하지 않았을 경우 다른 도메인에서 요청했을 때 자동 전송되며, 4KB까지 데이터를 저장할 수 있고 만료기한을 정할 수 있습니다. 쿠키를 설정할 때는 document.cookie로 쿠키를 볼 수 없게 httponly 옵션을 거는 것이 중요하며, 클라이언트 또는 서버에서 만료기한 등을 정할 수 있는데 보통 서버에서 만료기한을 정합니다.

로컬 스토리지

로컬 스토리지는 만료기한이 없는 키-값 저장소입니다. 5MB까지 저장할 수 있으며 웹 브라우저를 닫아도 유지됩니다. HTML5를 지원하지 않는 웹 브라우저에서는 사용할 수 없으며 클라이언트에서만 수정 가능합니다.

세션 스토리지

세션 스토리지는 만료기한이 없는 키-값 저장소입니다. 탭 단위로 세션 스토리지를 생성하며, 탭을 닫을 때 해당 데이터가 삭제됩니다. 5MB까지 저장이 가능하며 HTML5를 지원하지 않는 웹 브라우저에서는 사용할 수 없습니다. 클라이언트에서만 수정 가능합니다.

데이터베이스의 캐싱 계층

참고로 데이터베이스 시스템을 구축할 때도 메인 데이터베이스 위에 레디스(redis) 데이터베이스 계층을 '캐싱 계층'으로 둬서 성능을 향상시키기도 합니다.

▼ **그림 3-10** 레디스 캐싱 계층 아키텍처

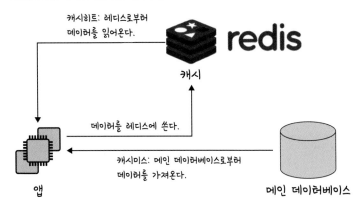

3.2.2 메모리 관리

운영체제의 대표적인 할 일 중 하나가 메모리 관리입니다. 컴퓨터 내의 한정된 메모리를
극한으로 활용해야 하는 것이죠.

가상 메모리

가상 메모리(virtual memory)는 메모리 관리 기법의 하나로 컴퓨터가 실제로 이용 가능한
메모리 자원을 추상화하여 이를 사용하는 사용자들에게 매우 큰 메모리로 보이게 만드는
것을 말합니다.

▼ **그림 3-11** 가상 메모리

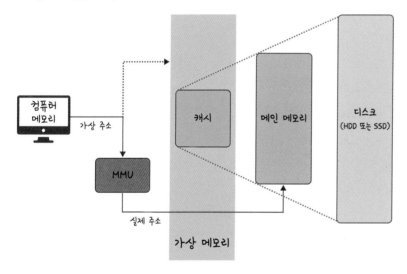

이때 가상적으로 주어진 주소를 가상 주소(logical address)라고 하며, 실제 메모리상에 있
는 주소를 실제 주소(physical address)라고 합니다. 가상 주소는 메모리관리장치(MMU)
에 의해 실제 주소로 변환되며, 이 덕분에 사용자는 실제 주소를 의식할 필요 없이 프로그
램을 구축할 수 있게 됩니다.

가상 메모리는 가상 주소와 실제 주소가 매핑되어 있고 프로세스의 주소 정보가 들어 있는 '페이지 테이블'로 관리됩니다. 이때 속도 향상을 위해 TLB를 씁니다.

> **용어**
>
> ── **TLB**
>
> 메모리와 CPU 사이에 있는 주소 변환을 위한 캐시이다. 페이지 테이블에 있는 리스트를 보관하며 CPU가 페이지 테이블까지 가지 않도록 해 속도를 향상시킬 수 있는 캐시 계층이다.

스와핑

만약 가상 메모리에는 존재하지만 실제 메모리인 RAM에는 현재 없는 데이터나 코드에 접근할 경우 페이지 폴트가 발생합니다. 이때 메모리에서 당장 사용하지 않는 영역을 하드디스크로 옮기고 하드디스크의 일부분을 마치 메모리처럼 불러와 쓰는 것을 스와핑(swapping)이라고 합니다. 이를 통해 마치 페이지 폴트가 일어나지 않은 것처럼 만듭니다.

페이지 폴트

페이지 폴트(page fault)란 프로세스의 주소 공간에는 존재하지만 지금 이 컴퓨터의 RAM에는 없는 데이터에 접근했을 경우에 발생합니다. 페이지 폴트와 그로 인한 스와핑은 다음 과정으로 이루어집니다.

1. 어떤 명령어가 유효한 가상 주소에 접근했으나 해당 페이지가 만약 없다면 트랩이 발생되어 운영체제에 알리게 됩니다.
2. 운영체제는 실제 디스크로부터 사용하지 않은 프레임을 찾습니다.
3. 해당 프레임을 실제 메모리에 가져와서 페이지 교체 알고리즘을 기반으로 특정 페이지와 교체합니다(이때 스와핑이 일어납니다).
4. 페이지 테이블을 갱신시킨 후 해당 명령어를 다시 시작합니다.

스레싱

스레싱(thrashing)은 메모리의 페이지 폴트율이 높은 것을 의미하며, 이는 컴퓨터의 심각한 성능 저하를 초래합니다.

▼ **그림 3-12** 스레싱

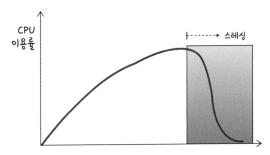

스레싱은 메모리에 너무 많은 프로세스가 동시에 올라가게 되면 스와핑이 많이 일어나서 발생하는 것이죠. 페이지 폴트가 일어나면 CPU 이용률이 낮아집니다. CPU 이용률이 낮아지게 되면 운영체제는 "CPU가 한가한가?"라고 생각하여 가용성을 더 높이기 위해 더 많은 프로세스를 메모리에 올리게 됩니다. 이와 같은 악순환이 반복되며 스레싱이 일어나게 됩니다.

이를 해결하기 위한 방법으로는 메모리를 늘리거나, HDD를 사용한다면 HDD를 SSD로 바꾸는 방법이 있습니다. 이외에 운영체제에서 이를 해결할 수 있는 방법은 작업 세트와 PFF가 있습니다.

작업 세트

작업 세트(working set)는 프로세스의 과거 사용 이력인 지역성(locality)을 통해 결정된 페이지 집합을 만들어서 미리 메모리에 로드하는 것입니다. 미리 메모리에 로드하면 탐색에 드는 비용을 줄일 수 있고 스와핑 또한 줄일 수 있습니다.

PFF

PFF(Page Fault Frequency)는 페이지 폴트 빈도를 조절하는 방법으로 상한선과 하한선을 만드는 방법입니다. 만약 상한선에 도달한다면 프레임을 늘리고 하한선에 도달한다면 프레임을 줄이는 것이죠.

메모리 할당

메모리에 프로그램을 할당할 때는 시작 메모리 위치, 메모리의 할당 크기를 기반으로 할당하는데, 연속 할당과 불연속 할당으로 나뉩니다.

연속 할당

연속 할당은 메모리에 '연속적으로' 공간을 할당하는 것을 말합니다.

▼ **그림 3-13** 연속 할당

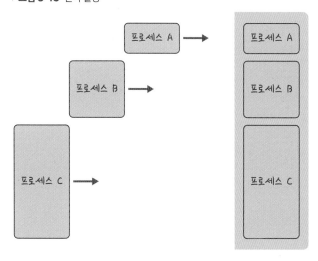

앞의 그림처럼 프로세스 A, 프로세스 B, 프로세스 C가 순차적으로 공간에 할당하는 것을 볼 수 있습니다. 이는 메모리를 미리 나누어 관리하는 고정 분할 방식과 매 시점 프로그램의 크기에 맞게 메모리를 분할하여 사용하는 가변 분할 방식이 있습니다.

고정 분할 방식

고정 분할 방식(fixed partition allocation)은 메모리를 미리 나누어 관리하는 방식이며, 메모리가 미리 나뉘어 있기 때문에 융통성이 없습니다. 또한, 내부 단편화가 발생합니다.

가변 분할 방식

가변 분할 방식(variable partition allocation)은 매 시점 프로그램의 크기에 맞게 동적으로 메모리를 나눠 사용합니다. 내부 단편화는 발생하지 않고 외부 단편화는 발생할 수 있습니다. 이는 최초적합(first fit), 최적적합(best fit), 최악적합(worst fit)이 있습니다.

▼ **표 3-2** 가변 분할 방식 종류

이름	설명
최초적합	위쪽이나 아래쪽부터 시작해서 홀을 찾으면 바로 할당합니다.
최적적합	프로세스의 크기 이상인 공간 중 가장 작은 홀부터 할당합니다.
최악적합	프로세스의 크기와 가장 많이 차이가 나는 홀에 할당합니다.

용어

— **내부 단편화(internal fragmentation)**
메모리를 나눈 크기보다 프로그램이 작아서 들어가지 못하는 공간이 많이 발생하는 현상

— **외부 단편화(external fragmentation)**
메모리를 나눈 크기보다 프로그램이 커서 들어가지 못하는 공간이 많이 발생하는 현상, 예를 들어 100MB를 55MB, 45MB로 나눴지만 프로그램의 크기는 70MB일 때 들어가지 못하는 것을 말한다.

— **홀(hole)**
할당할 수 있는 비어 있는 메모리 공간이다.

불연속 할당

메모리를 연속적으로 할당하지 않는 불연속 할당은 현대 운영체제가 쓰는 방법으로 불연속 할당인 페이징 기법이 있습니다. 메모리를 동일한 크기의 페이지(보통 4KB)로 나누고

프로그램마다 페이지 테이블을 두어 이를 통해 메모리에 프로그램을 할당하는 것이죠. 페이징 기법 말고도 세그멘테이션, 페이지드 세그멘테이션이 있습니다.

페이징

페이징(paging)은 동일한 크기의 페이지 단위로 나누어 메모리의 서로 다른 위치에 프로세스를 할당합니다. 홀의 크기가 균일하지 않은 문제가 없어지지만 주소 변환이 복잡해집니다.

세그멘테이션

세그멘테이션(segmentation)은 페이지 단위가 아닌 의미 단위인 세그먼트(segment)로 나누는 방식입니다. 프로세스를 이루는 메모리는 코드 영역, 데이터 영역, 스택 영역, 힙 영역으로 이루어지는데, 코드와 데이터로 나누거나 코드 내의 작은 함수를 세그먼트로 놓고 나눌 수도 있습니다. 이는 공유와 보안 측면에서 장점을 가지지만 홀 크기가 균일하지 않은 단점이 있습니다.

페이지드 세그멘테이션

페이지드 세그멘테이션(paged segmentation)은 프로그램을 의미 단위인 세그먼트로 나눠 공유나 보안 측면에 강점을 두고 임의의 길이가 아닌 동일한 크기의 페이지 단위로 나누는 것을 말합니다.

페이지 교체 알고리즘

메모리는 한정되어 있기 때문에 스와핑이 많이 일어납니다. 스와핑은 많이 일어나지 않도록 설계되어야 하며 이는 페이지 교체 알고리즘을 기반으로 스와핑이 일어납니다.

오프라인 알고리즘

오프라인 알고리즘(offline algorithm)은 먼 미래에 참조되는 페이지와 현재 할당하는 페이지를 바꾸는 알고리즘이며, 가장 좋은 방법입니다. 그러나 미래에 사용되는 프로세스를 우리가 알 수 있을까요? 알 수 없습니다.

즉, 사용할 수 없는 알고리즘이지만 가장 좋은 알고리즘이기 때문에 다른 알고리즘과의
성능 비교에 대한 상한기준(upper_bound)을 제공합니다.

FIFO

FIFO(First In First Out)는 가장 먼저 온 페이지를 교체 영역에 가장 먼저 놓는 방법을 의
미합니다.

LRU

LRU(Least Recently Used)는 참조가 가장 오래된 페이지를 바꿉니다. '오래된' 것을 파악
하기 위해 각 페이지마다 계수기, 스택을 두어야 하는 문제점이 있습니다.

▼ 그림 3-14 LRU

페이지 들어오는 순서 [1,3,0,3,5,6,3]

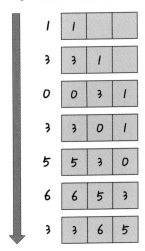

앞의 그림에서 보듯이 5번째에 5번 페이지가 들어왔을 때 가장 오래된 1번 페이지와 스왑
하는 것을 볼 수 있는데 이것이 바로 LRU 방식입니다.

LRU 구현을 프로그래밍으로 구현할 때는 보통 두 개의 자료 구조로 구현합니다. 바로 해
시 테이블과 이중 연결 리스트입니다. 해시 테이블은 이중 연결 리스트에서 빠르게 찾을
수 있도록 쓰고, 이중 연결 리스트는 한정된 메모리를 나타냅니다.

C++로 구현한 코드는 다음과 같습니다. C++에서는 해시 테이블을 unordered_map으로 구현할 수 있고, 이중 연결 리스트는 list로 구현할 수 있습니다. 조금은 어렵지만 주석을 달아놓은 부분을 중점으로 봐주세요.

코드 위치: ch3/2.cpp

```cpp
#include <bits/stdc++.h>
using namespace std;
class LRUCache {
    list<int> li;
    unordered_map<int, list<int>::iterator> hash;
    int csize;
public:
    LRUCache(int);
    void refer(int);
    void display();
};
LRUCache::LRUCache(int n) {
    csize = n;
}
void LRUCache::refer(int x) {
    if (hash.find(x) == hash.end()) {
        if (li.size() == csize) {
            // 가장 끝에 있는 것을 뽑아낸다.
            // 이는 가장 오래된 것을 의미한다.
            int last = li.back();
            li.pop_back();
            hash.erase(last);
        }
    } else {
        li.erase(hash[x]);
    }
    // 해당 페이지를 참조할 때
    // 가장 앞에 붙인다. 또한, 이를 해시 테이블에 저장한다.
    li.push_front(x);
    hash[x] = li.begin();
}
void LRUCache::display() {
    for (auto it = li.begin(); it != li.end(); it++) {
```

```cpp
            cout << (*it) << " ";
        }
        cout << "\n";
    }
int main() {
    LRUCache ca(3);
    ca.refer(1);
    ca.display();
    ca.refer(3);
    ca.display();
    ca.refer(0);
    ca.display();
    ca.refer(3);
    ca.display();
    ca.refer(5);
    ca.display();
    ca.refer(6);
    ca.display();
    ca.refer(3);
    ca.display();
    return 0;
}
/*
1
3 1
0 3 1
3 0 1
5 3 0
6 5 3
3 6 5
*/
```

NUR

LRU에서 발전한 NUR(Not Used Recently) 알고리즘이 있습니다.

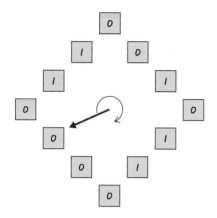

일명 clock 알고리즘이라고 하며 먼저 0과 1을 가진 비트를 둡니다. 1은 최근에 참조되었고 0은 참조되지 않음을 의미합니다. 시계 방향으로 돌면서 0을 찾고 0을 찾은 순간 해당 프로세스를 교체하고, 해당 부분을 1로 바꾸는 알고리즘입니다.

LFU

LFU(Least Frequently Used)는 가장 참조 횟수가 적은 페이지를 교체합니다. 즉, 많이 사용되지 않은 것을 교체하는 것이죠.

3.3 SECTION / 프로세스와 스레드

프로세스(process)는 컴퓨터에서 실행되고 있는 프로그램을 말하며 CPU 스케줄링의 대상이 되는 작업(task)이라는 용어와 거의 같은 의미로 쓰입니다. 스레드는 프로세스 내 작업의 흐름을 지칭하죠.

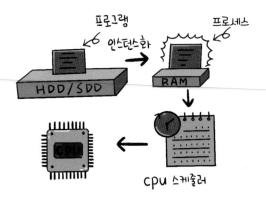

앞의 그림처럼 프로그램이 메모리에 올라가면 프로세스가 되는 인스턴스화가 일어나고, 이후 운영체제의 CPU 스케줄러에 따라 CPU가 프로세스를 실행합니다.

3.3.1 프로세스와 컴파일 과정

프로세스는 프로그램이 메모리에 올라가 인스턴스화된 것을 말합니다. 예를 들어 프로그램은 구글 크롬 프로그램(chrome.exe)과 같은 실행 파일이며, 이를 두 번 클릭하면 구글 크롬 프로세스로 변환되는 것입니다.

프로그램을 만드는 과정은 만드는 언어마다 다를 수 있으며 컴파일 언어인 C 언어 기반의 프로그램을 기준으로 설명하면 컴파일러가 컴파일 과정을 통해 컴퓨터가 이해할 수 있는 기계어로 번역하여 실행할 수 있는 파일을 만들게 됩니다.

참고로 컴파일 과정은 다음과 같습니다.

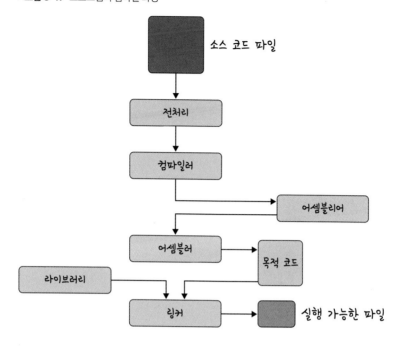

전처리

소스 코드의 주석을 제거하고 #include 등 헤더 파일을 병합하여 매크로를 치환합니다.

컴파일러

오류 처리, 코드 최적화 작업을 하며 어셈블리어로 변환합니다.

어셈블러

어셈블리어는 목적 코드(object code)로 변환됩니다. 이때 확장자는 운영체제마다 다른데 리눅스에서는 .o입니다. 예를 들어 가영.c라는 파일을 만들었을 때 가영.o라는 파일이 만들어지게 됩니다.

링커

프로그램 내에 있는 라이브러리 함수 또는 다른 파일들과 목적 코드를 결합하여 실행 파일을 만듭니다. 실행 파일의 확장자는 .exe 또는 .out이라는 확장자를 갖습니다.

정적 라이브러리와 동적 라이브러리

라이브러리는 정적 라이브러리와 동적 라이브러리로 나눕니다.

정적 라이브러리는 프로그램 빌드 시 라이브러리가 제공하는 모든 코드를 실행 파일에 넣는 방식으로 라이브러리를 쓰는 방법입니다. 시스템 환경 등 외부 의존도가 낮은 장점이 있지만 코드 중복 등 메모리 효율성이 떨어지는 단점이 있습니다.

동적 라이브러리는 프로그램 실행 시 필요할 때만 DLL이라는 함수 정보를 통해 참조하여 라이브러리를 쓰는 방법입니다. 메모리 효율성에서의 장점을 지니지만 외부 의존도가 높아진다는 단점이 있습니다.

3.3.2 프로세스의 상태

프로세스의 상태는 여러 가지 상태 값을 갖습니다.

▼ 그림 3-18 프로세스의 상태

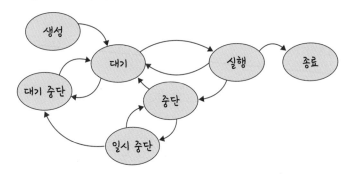

생성 상태

생성 상태(create)는 프로세스가 생성된 상태를 의미하며 fork( ) 또는 exec( ) 함수를 통해 생성합니다. 이때 PCB가 할당됩니다.

fork( )

fork( )는 부모 프로세스의 주소 공간을 그대로 복사하며, 새로운 자식 프로세스를 생성하는 함수입니다. 주소 공간만 복사할 뿐이지 부모 프로세스의 비동기 작업 등을 상속하지는 않습니다.

exec( )

exec( )은 새롭게 프로세스를 생성하는 함수입니다.

대기 상태

대기 상태(ready)는 메모리 공간이 충분하면 메모리를 할당받고 아니면 아닌 상태로 대기하고 있으며 CPU 스케줄러로부터 CPU 소유권이 넘어오기를 기다리는 상태입니다.

대기 중단 상태

대기 중단 상태(ready suspended)는 메모리 부족으로 일시 중단된 상태입니다.

실행 상태

실행 상태(running)는 CPU 소유권과 메모리를 할당받고 인스트럭션을 수행 중인 상태를 의미합니다. 이를 CPU burst가 일어났다고도 표현합니다.

중단 상태

중단 상태(blocked)는 어떤 이벤트가 발생한 이후 기다리며 프로세스가 차단된 상태입니다. I/O 디바이스에 의한 인터럽트로 이런 현상이 많이 발생하기도 합니다. 예를 들어 프린트 인쇄 버튼을 눌렀을 때 프로세스가 잠깐 멈춘 듯할 때가 있죠? 바로 그 상태입니다.

일시 중단 상태

일시 중단 상태(blocked suspended)는 대기 중단과 유사합니다. 중단된 상태에서 프로세스가 실행되려고 했지만 메모리 부족으로 일시 중단된 상태입니다.

종료 상태

종료 상태(terminated)는 메모리와 CPU 소유권을 모두 놓고 가는 상태를 말합니다. 종료는 자연스럽게 종료되는 것도 있지만 부모 프로세스가 자식 프로세스를 강제시키는 비자발적 종료(abort)로 종료되는 것도 있습니다. 자식 프로세스에 할당된 자원의 한계치를 넘어서거나 부모 프로세스가 종료되거나 사용자가 process.kill 등 여러 명령어로 프로세스를 종료할 때 발생합니다.

3.3.3 프로세스의 메모리 구조

운영체제는 프로세스에 적절한 메모리를 할당하는데 다음 구조를 기반으로 할당합니다.

▼ 그림 3-19 프로세스의 메모리 구조

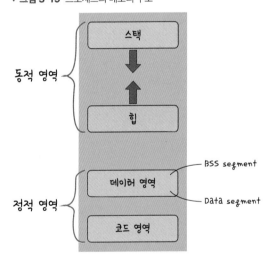

위에서부터 스택(stack), 힙(heap), 데이터 영역(BSS segment, Data segment), 코드 영역 (code segment)으로 나눠집니다. 스택은 위 주소부터 할당되고 힙은 아래 주소부터 할당 됩니다.

스택과 힙

스택과 힙은 동적 할당이 되며, 동적 할당은 런타임 단계에서 메모리를 할당받는 것을 말 합니다. 스택은 지역 변수, 매개변수, 실행되는 함수에 의해 늘어들거나 줄어드는 메모리 영역입니다. 함수가 호출될 때마다 호출될 때의 환경 등 특정 정보가 스택에 계속해서 저 장됩니다.

또한, 재귀 함수가 호출된다고 했을 때 새로운 스택 프레임이 매번 사용되기 때문에 함수 내의 변수 집합이 해당 함수의 다른 인스턴스 변수를 방해하지 않습니다.

힙은 동적으로 할당되는 변수들을 담습니다. malloc(), free() 함수를 통해 관리할 수 있 으며 동적으로 관리되는 자료 구조의 경우 힙 영역을 사용합니다. 예를 들어 vector는 내 부적으로 힙 영역을 사용합니다.

데이터 영역과 코드 영역

이 영역은 정적 할당되는 영역입니다. 정적 할당은 컴파일 단계에서 메모리를 할당하는 것을 말합니다. 데이터 영역은 BSS segment와 Data segment, code/text segment로 나뉘 어서 저장됩니다.

BSS segment는 전역 변수 또는 static, const로 선언되어 있고 0으로 초기화 또는 초기화 가 어떠한 값으로도 되어 있지 않은 변수들이 이 메모리 영역에 할당되며 Data segment는 전역 변수 또는 static, const로 선언되어 있고 0이 아닌 값으로 초기화된 변수가 이 메모리 영역에 할당됩니다.

code segment는 프로그램의 코드가 들어갑니다.

3.3.4 PCB

PCB(Process Control Block)는 운영체제에서 프로세스에 대한 메타데이터를 저장한 '데이터'를 말합니다. 프로세스 제어 블록이라고도 합니다. 프로세스가 생성되면 운영체제는 해당 PCB를 생성합니다.

프로그램이 실행되면 프로세스가 생성되고 프로세스 주소 값들에 앞서 설명한 스택, 힙 등의 구조를 기반으로 메모리가 할당됩니다. 그리고 이 프로세스의 메타데이터들이 PCB에 저장되어 관리됩니다. 이는 프로세스의 중요한 정보를 포함하고 있기 때문에 일반 사용자가 접근하지 못하도록 커널 스택의 가장 앞부분에서 관리됩니다.

> **용어**
>
> ── **메타데이터**
> 데이터에 관한 구조화된 데이터이자 데이터를 설명하는 작은 데이터, 대량의 정보 가운데에서 찾고 있는 정보를 효율적으로 찾아내서 이용하기 위해 일정한 규칙에 따라 콘텐츠에 대해 부여되는 데이터이다.

PCB의 구조

PCB는 프로세스 스케줄링 상태, 프로세스 ID 등의 다음과 같은 정보로 이루어져 있습니다.

- **프로세스 스케줄링 상태**: '준비', '일시중단' 등 프로세스가 CPU에 대한 소유권을 얻은 이후의 상태
- **프로세스 ID**: 프로세스 ID, 해당 프로세스의 자식 프로세스 ID
- **프로세스 권한**: 컴퓨터 자원 또는 I/O 디바이스에 대한 권한 정보
- **프로그램 카운터**: 프로세스에서 실행해야 할 다음 명령어의 주소에 대한 포인터
- **CPU 레지스터**: 프로세스를 실행하기 위해 저장해야 할 레지스터에 대한 정보
- **CPU 스케줄링 정보**: CPU 스케줄러에 의해 중단된 시간 등에 대한 정보
- **계정 정보**: 프로세스 실행에 사용된 CPU 사용량, 실행한 유저의 정보
- **I/O 상태 정보**: 프로세스에 할당된 I/O 디바이스 목록

컨텍스트 스위칭

컨텍스트 스위칭(context switching)은 앞서 설명한 PCB를 기반으로 프로세스의 상태를 저장하고 로드시키는 과정을 말합니다. 한 프로세스에 할당된 시간이 끝나거나 인터럽트에 의해 발생합니다. 컴퓨터는 많은 프로그램을 동시에 실행하는 것처럼 보이지만 어떠한 시점에서 실행되고 있는 프로세스는 단 한 개이며, 많은 프로세스가 동시에 구동되는 것처럼 보이는 것은 다른 프로세스와의 컨텍스트 스위칭이 아주 빠른 속도로 실행되기 때문입니다.

참고로 사실 현대 컴퓨터는 멀티코어의 CPU를 가지기 때문에 한 시점에 한 개의 프로그램이라는 설명은 틀린 설명입니다. 하지만 컨텍스트 스위칭을 설명할 때는 싱글코어를 기준으로 설명합니다.

▼ **그림 3-20** 컨텍스트 스위칭

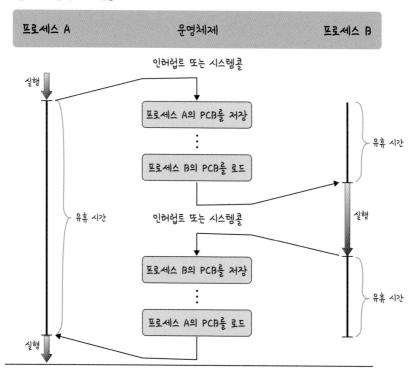

앞의 그림처럼 한 개의 프로세스 A가 실행하다 멈추고, 프로세스 A의 PCB를 저장하고 다시 프로세스 B를 로드하여 실행합니다. 그리고 다시 프로세스 B의 PCB를 저장하고 프로

세스 A의 PCB를 로드합니다. 컨텍스트 스위칭이 일어날 때 앞의 그림처럼 유휴 시간(idle time)이 발생하는 것을 볼 수 있습니다. 이뿐만 아니라 이 컨텍스트 스위칭에 드는 비용이 더 있습니다. 바로 캐시미스입니다.

비용: 캐시미스

컨텍스트 스위칭이 일어날 때 프로세스가 가지고 있는 메모리 주소가 그대로 있으면 잘 못된 주소 변환이 생기므로 캐시클리어 과정을 겪게 되고 이 때문에 캐시미스가 발생합니다.

스레드에서의 컨텍스트 스위칭

참고로 이 컨텍스트 스위칭은 스레드에서도 일어납니다. 스레드는 스택 영역을 제외한 모든 메모리를 공유하기 때문에 스레드 컨텍스트 스위칭의 경우 비용이 더 적고 시간도 더 적게 걸립니다.

3.3.5 멀티프로세싱

멀티프로세싱은 여러 개의 '프로세스', 즉 멀티프로세스를 통해 동시에 두 가지 이상의 일을 수행할 수 있는 것을 말합니다. 이를 통해 하나 이상의 일을 병렬로 처리할 수 있으며 특정 프로세스의 메모리, 프로세스 중 일부에 문제가 발생되더라도 다른 프로세스를 이용해서 처리할 수 있으므로 신뢰성이 높은 강점이 있습니다. 참고로 멀티프로세싱은 하드웨어 관점에서 봤을 때 여러 개의 프로세서로 작업을 처리하는 것을 의미하기도 합니다. 이 책에서는 멀티스레딩과 멀티프로세싱을 비교하고 있고, 그 다음으로 멀티프로세스 구조를 가진 브라우저를 예시로 들고 있기 때문에 소프트웨어 관점에서 멀티프로세싱을 설명했습니다.

웹 브라우저

웹 브라우저는 멀티프로세스 구조를 가지고 있으며 다음과 같습니다.

▼ **그림 3-21** 웹 브라우저의 멀티프로세스 구조

- **브라우저 프로세스**: 주소 표시줄, 북마크 막대, 뒤로 가기 버튼, 앞으로 가기 버튼 등을 담당하며 네트워크 요청이나 파일 접근 같은 권한을 담당합니다.
- **렌더러 프로세스**: 웹 사이트가 '보이는' 부분의 모든 것을 제어합니다.
- **플러그인 프로세스**: 웹 사이트에서 사용하는 플러그인을 제어합니다.
- **GPU 프로세스**: GPU를 이용해서 화면을 그리는 부분을 제어합니다.

IPC

멀티프로세스는 IPC(Inter Process Communication)가 가능하며 IPC는 프로세스끼리 데이터를 주고받고 공유 데이터를 관리하는 메커니즘을 뜻합니다.

클라이언트와 서버를 예로 들 수 있는데, 클라이언트는 데이터를 요청하고 서버는 클라이언트 요청에 응답하는 것도 IPC의 예입니다.

IPC의 종류로는 공유 메모리, 파일, 소켓, 익명 파이프, 명명 파이프, 메시지 큐가 있습니다. 이들은 모두 메모리가 완전히 공유되는 스레드보다는 속도가 떨어집니다.

공유 메모리

공유 메모리(shared memory)는 여러 프로세스에 동일한 메모리 블록에 대한 접근 권한이 부여되어 프로세스가 서로 통신할 수 있도록 공유 메모리를 생성해서 통신하는 것을 말합니다.

▼ 그림 3-22 공유 메모리

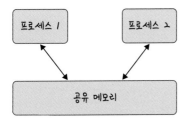

기본적으로는 각 프로세스의 메모리를 다른 프로세스가 접근할 수 없지만 공유 메모리를 통해 여러 프로세스가 하나의 메모리를 공유할 수 있습니다. IPC 방식 중 어떠한 매개체를 통해 데이터를 주고받는 것이 아닌 메모리 자체를 공유하기 때문에 불필요한 데이터 복사의 오버헤드가 발생하지 않아 가장 빠르며 같은 메모리 영역을 여러 프로세스가 공유하기 때문에 동기화가 필요합니다.

참고로 하드웨어 관점에서 공유 메모리는 CPU가 접근할 수 있는 큰 랜덤 접근 메모리인 RAM을 가리키기도 합니다.

파일

파일은 디스크에 저장된 데이터 또는 파일 서버에서 제공한 데이터를 말합니다. 이를 기반으로 프로세스 간 통신을 합니다.

소켓

동일한 컴퓨터의 다른 프로세스나 네트워크의 다른 컴퓨터로 네트워크 인터페이스를 통해 전송하는 데이터를 의미하며 TCP와 UDP가 있습니다.

익명 파이프

익명 파이프(unnamed pipe)는 프로세스 간에 FIFO 방식으로 읽히는 임시 공간인 파이프를 기반으로 데이터를 주고받으며, 단방향 방식의 읽기 전용, 쓰기 전용 파이프를 만들어서 작동하는 방식을 말합니다.

▼ **그림 3-23** 익명 파이프

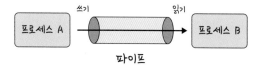

이는 부모, 자식 프로세스 간에만 사용할 수 있으며 다른 네트워크상에서는 사용이 불가능합니다.

명명된 파이프

명명된 파이프(named pipe)는 파이프 서버와 하나 이상의 파이프 클라이언트 간의 통신을 위한 명명된 단방향 또는 양방향 파이프를 말합니다. 클라이언트/서버 통신을 위한 별도의 파이프를 제공하며, 여러 파이프를 동시에 사용할 수 있습니다. 컴퓨터의 프로세스끼리 또는 다른 네트워크상의 컴퓨터와도 통신을 할 수 있습니다.

▼ **그림 3-24** 명명된 파이프

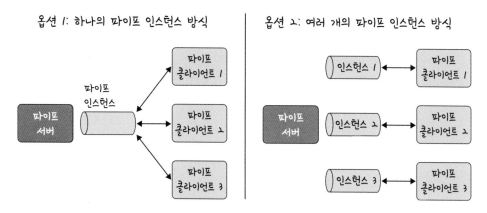

앞의 그림처럼 보통 서버용 파이프와 클라이언트용 파이프로 구분해서 작동하며 하나의 인스턴스를 열거나 여러 개의 인스턴스를 기반으로 통신합니다.

메시지 큐

메시지 큐는 메시지를 큐(queue) 데이터 구조 형태로 관리하는 것을 의미합니다. 이는 커널의 전역변수 형태 등 커널에서 전역적으로 관리되며 다른 IPC 방식에 비해서 사용 방법이 매우 직관적이고 간단하며 다른 코드의 수정 없이 단지 몇 줄의 코드를 추가시켜 간단하게 메시지 큐에 접근할 수 있는 장점이 있습니다.

▼ **그림 3-25** 메시지 큐

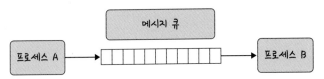

공유 메모리를 통해 IPC를 구현할 때 쓰기 및 읽기 빈도가 높으면 동기화 때문에 기능을 구현하는 것이 매우 복잡해지는데, 이때 대안으로 메시지 큐를 사용하기도 합니다.

3.3.6 스레드와 멀티스레딩

스레드

스레드는 프로세스의 실행 가능한 가장 작은 단위입니다. 프로세스는 여러 스레드를 가질 수 있습니다.

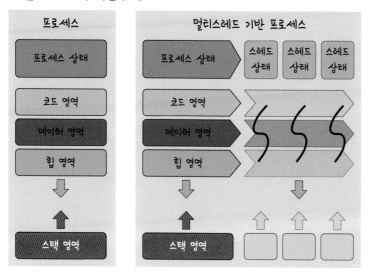
▼ 그림 3-26 프로세스와 멀티스레드

코드, 데이터, 스택, 힙을 각각 생성하는 프로세스와는 달리 스레드는 코드, 데이터, 힙은 스레드끼리 서로 공유합니다. 그 외의 영역은 각각 생성됩니다.

멀티스레딩

멀티스레딩은 프로세스 내 작업을 여러 개의 스레드, 멀티스레드로 처리하는 기법이며 스레드끼리 서로 자원을 공유하기 때문에 효율성이 높습니다. 예를 들어 웹 요청을 처리할 때 새 프로세스를 생성하는 대신 스레드를 사용하는 웹 서버의 경우 훨씬 적은 리소스를 소비하며, 한 스레드가 중단(blocked)되어도 다른 스레드는 실행(running) 상태일 수 있기 때문에 중단되지 않은 빠른 처리가 가능합니다. 또한, 동시성에도 큰 장점이 있습니다. 하지만 한 스레드에 문제가 생기면 다른 스레드에도 영향을 끼쳐 스레드로 이루어져 있는 프로세스에 영향을 줄 수 있는 단점이 있습니다.

> **용어**
>
> ── **동시성**
> 서로 독립적인 작업들을 작은 단위로 나누고 동시에 실행되는 것처럼 보여주는 것

멀티스레드의 예로는 웹 브라우저의 렌더러 프로세스를 예로 들 수 있습니다.

▼ **그림 3-27** 웹 브라우저의 렌더러 프로세스를 이루는 스레드

이 프로세스 내에는 메인 스레드, 워커 스레드, 컴포지터 스레드, 레스터 스레드가 존재합니다.

3.3.7 공유 자원과 임계 영역

공유 자원

공유 자원(shared resource)은 시스템 안에서 각 프로세스, 스레드가 함께 접근할 수 있는 모니터, 프린터, 메모리, 파일, 데이터 등의 자원이나 변수 등을 의미합니다. 이 공유 자원을 두 개 이상의 프로세스가 동시에 읽거나 쓰는 상황을 경쟁 상태(race condition)라고 합니다. 동시에 접근을 시도할 때 접근의 타이밍이나 순서 등이 결괏값에 영향을 줄 수 있는 상태인 것이죠.

예를 들어 종선코인 100개가 있다고 해봅시다.

▼ **그림 3-28** 공유 자원 예시

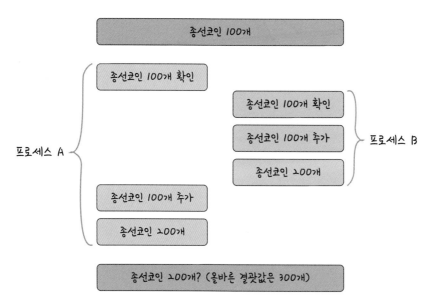

프로세스 A와 프로세스 B가 동시에 접근하여 타이밍이 서로 꼬여 정상 결괏값은 300인데 200이 출력됩니다.

임계 영역

임계 영역(critical section)은 둘 이상의 프로세스, 스레드가 공유 자원에 접근할 때 순서 등의 이유로 결과가 달라지는 코드 영역을 말합니다. 임계 영역을 해결하기 위한 방법은 크게 뮤텍스, 세마포어, 모니터 세 가지가 있으며, 이 방법 모두 상호 배제, 한정 대기, 융통성이란 조건을 만족합니다. 이 방법에 토대가 되는 메커니즘은 잠금(lock)입니다. 예를 들어 임계 영역을 화장실이라고 가정하면 화장실에 A라는 사람이 들어간 다음 문을 잠급니다. 그리고 다음 사람이 이를 기다리다 A가 나오면 화장실을 쓰는 방법입니다.

— **상호 배제(mutual exclusion)**

한 프로세스가 임계 영역에 들어갔을 때 다른 프로세스는 들어갈 수 없다.

— **한정 대기(bounded waiting)**

특정 프로세스가 영원히 임계 영역에 들어가지 못하면 안 된다.

— **융통성(progress)**

만약 어떠한 프로세스도 임계 영역을 사용하지 않는다면 임계 영역 외부의 어떠한 프로세스도 들어갈 수 있으며 이 때 프로세스끼리 서로 방해하지 않는다.

뮤텍스

뮤텍스(mutex)는 프로세스나 스레드가 공유 자원을 lock()을 통해 잠금 설정하고 사용한 후에는 unlock()을 통해 잠금 해제하는 객체입니다. 잠금이 설정되면 다른 프로세스나 스레드는 잠긴 코드 영역에 접근할 수 없고 해제는 그와 반대입니다. 또한 뮤텍스는 잠금 또는 잠금 해제라는 상태만을 가집니다.

▼ **그림 3-29** 뮤텍스

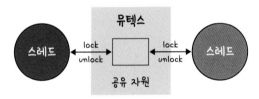

세마포어

세마포어(semaphore)는 일반화된 뮤텍스입니다. 간단한 정수 값과 두 가지 함수 wait(P 함수라고도 함) 및 signal(V 함수라고도 함)로 공유 자원에 대한 접근을 처리합니다.

wait()는 자신의 차례가 올 때까지 기다리는 함수이며, signal()은 다음 프로세스로 순서를 넘겨주는 함수입니다.

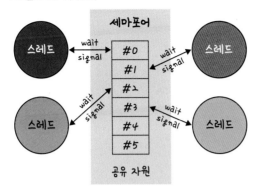

▼ **그림 3-30** 세마포어

프로세스나 스레드가 공유 자원에 접근하면 세마포어에서 wait() 작업을 수행하고 프로세스나 스레드가 공유 자원을 해제하면 세마포어에서 signal() 작업을 수행합니다. 세마포어에는 조건 변수가 없고 프로세스나 스레드가 세마포어 값을 수정할 때 다른 프로세스나 스레드는 동시에 세마포어 값을 수정할 수 없습니다.

바이너리 세마포어

바이너리 세마포어는 0과 1의 두 가지 값만 가질 수 있는 세마포어입니다. 구현의 유사성으로 인해 뮤텍스는 바이너리 세마포어라고 할 수 있지만 엄밀히 말하면 뮤텍스는 잠금을 기반으로 상호배제가 일어나는 '잠금 메커니즘'이고, 세마포어는 신호를 기반으로 상호 배제가 일어나는 '신호 메커니즘'입니다. 여기서 신호 메커니즘은 휴대폰에서 노래를 듣다가 친구로부터 전화가 오면 노래가 중지되고 통화 처리 작업에 관한 인터페이스가 등장하는 것을 상상하면 됩니다.

카운팅 세마포어

카운팅 세마포어는 여러 개의 값을 가질 수 있는 세마포어이며, 여러 자원에 대한 접근을 제어하는 데 사용됩니다.

모니터

모니터는 둘 이상의 스레드나 프로세스가 공유 자원에 안전하게 접근할 수 있도록 공유 자원을 숨기고 해당 접근에 대해 인터페이스만 제공합니다.

▼ 그림 3-31 모니터

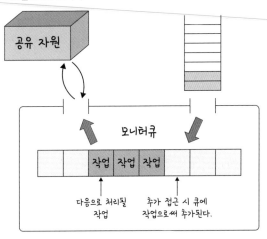

앞의 그림처럼 모니터는 모니터큐를 통해 공유 자원에 대한 작업들을 순차적으로 처리합니다.

모니터는 세마포어보다 구현하기 쉬우며 모니터에서 상호 배제는 자동인 반면에, 세마포어에서는 상호 배제를 명시적으로 구현해야 하는 차이점이 있습니다.

3.3.8 교착 상태

교착 상태(deadlock)는 두 개 이상의 프로세스들이 서로가 가진 자원을 기다리며 중단된 상태를 말합니다.

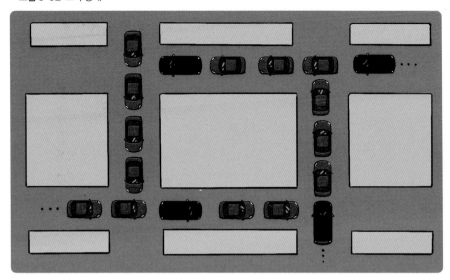

예를 들어 프로세스 A가 프로세스 B의 어떤 자원을 요청할 때 프로세스 B도 프로세스 A가 점유하고 있는 자원을 요청하는 것이죠. 이에 대한 원인과 해결 방법은 다음과 같습니다.

교착 상태의 원인

- **상호 배제**: 한 프로세스가 자원을 독점하고 있으며 다른 프로세스들은 접근이 불가능합니다.
- **점유 대기**: 특정 프로세스가 점유한 자원을 다른 프로세스가 요청하는 상태입니다.
- **비선점**: 다른 프로세스의 자원을 강제적으로 가져올 수 없습니다.
- **환형 대기**: 프로세스 A는 프로세스 B의 자원을 요구하고, 프로세스 B는 프로세스 A의 자원을 요구하는 등 서로가 서로의 자원을 요구하는 상황을 말합니다.

교착 상태의 해결 방법

1. 자원을 할당할 때 애초에 조건이 성립되지 않도록 설계합니다.
2. 교착 상태 가능성이 없을 때만 자원 할당되며, 프로세스당 요청할 자원들의 최대치를 통해 자원 할당 가능 여부를 파악하는 '은행원 알고리즘'을 씁니다.
3. 교착 상태가 발생하면 사이클이 있는지 찾아보고 이에 관련된 프로세스를 한 개씩 지웁니다.

4. 교착 상태는 매우 드물게 일어나기 때문에 이를 처리하는 비용이 더 커서 교착 상태가 발생하면 사용자가 작업을 종료합니다. 현대 운영체제는 이 방법을 채택했습니다. 예를 들어 프로세스를 실행시키다 '응답 없음'이라고 뜰 때가 있죠? 교착 상태가 발생한 경우에 이와 같은 경우가 발생하기도 합니다.

> **용어**
>
> ── **은행원 알고리즘**
> 총 자원의 양과 현재 할당한 자원의 양을 기준으로 안정 또는 불안정 상태로 나누고 안정 상태로 가도록 자원을 할당하는 알고리즘

3.4 / CPU 스케줄링 알고리즘
SECTION

CPU 스케줄러는 CPU 스케줄링 알고리즘에 따라 프로세스에서 해야 하는 일을 스레드 단위로 CPU에 할당합니다.

▼ **그림 3-33** CPU 스케줄링 알고리즘

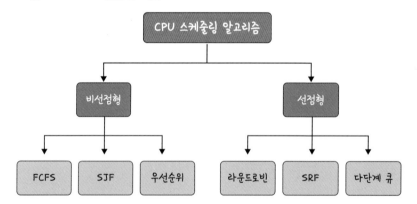

프로그램이 실행될 때는 CPU 스케줄링 알고리즘이 어떤 프로그램에 CPU 소유권을 줄 것인지 결정합니다. 이 알고리즘은 CPU 이용률은 높게, 주어진 시간에 많은 일을 하게, 준비 큐(ready queue)에 있는 프로세스는 적게, 응답 시간은 짧게 설정하는 것을 목표로 합니다.

3.4.1 비선점형 방식

비선점형 방식(non-preemptive)은 프로세스가 스스로 CPU 소유권을 포기하는 방식이며, 강제로 프로세스를 중지하지 않습니다. 따라서 컨텍스트 스위칭으로 인한 부하가 적습니다.

FCFS

FCFS(First Come, First Served)는 가장 먼저 온 것을 가장 먼저 처리하는 알고리즘입니다. 길게 수행되는 프로세스 때문에 '준비 큐에서 오래 기다리는 현상(convoy effect)'이 발생하는 단점이 있습니다.

SJF

SJF(Shortest Job First)는 실행 시간이 가장 짧은 프로세스를 가장 먼저 실행하는 알고리즘입니다.

긴 시간을 가진 프로세스가 실행되지 않는 현상(starvation)이 일어나며 평균 대기 시간이 가장 짧습니다. 하지만 실제로는 실행 시간을 알 수 없기 때문에 과거의 실행했던 시간을 토대로 추측해서 사용합니다.

우선순위

기존 SJF 스케줄링의 경우 긴 시간을 가진 프로세스가 실행되지 않는 현상이 있었습니다.

우선순위는 이 단점을 오래된 작업일수록 '우선순위를 높이는 방법(align)'을 사용해 보완한 알고리즘입니다. 참고로 우선순위는 앞서 설명한 SJF와 우선순위를 말하는 것 뿐만 아니라 FCFS를 활용하여 만들기도 하며 선점형, 비선점형적인 우선순위 스케줄링 알고리즘을 말하기도 합니다.

3.4.2 선점형 방식

선점형 방식(preemptive)은 현대 운영체제가 쓰는 방식으로 지금 사용하고 있는 프로세스를 알고리즘에 의해 중단시켜 버리고 강제로 다른 프로세스에 CPU 소유권을 할당하는 방식을 말합니다.

라운드 로빈

라운드 로빈(RR, Round Robin)은 현대 컴퓨터가 쓰는 선점형 알고리즘 스케줄링 방법으로 각 프로세스는 동일한 할당 시간을 주고 그 시간 안에 끝나지 않으면 다시 준비 큐(ready queue)의 뒤로 가는 알고리즘입니다.

예를 들어 q만큼의 할당 시간이 부여되었고 N개의 프로세스가 운영된다고 하면 (N - 1) * q 시간이 지나면 자기 차례가 오게 됩니다. 할당 시간이 너무 크면 FCFS가 되고 짧으면 컨텍스트 스위칭이 잦아져서 오버헤드, 즉 비용이 커집니다. 일반적으로 전체 작업 시간은 길어지지만 평균 응답 시간은 짧아진다는 특징이 있습니다.

또한, 이 알고리즘은 로드밸런서에서 트래픽 분산 알고리즘으로도 쓰입니다.

SRF

SJF는 중간에 실행 시간이 더 짧은 작업이 들어와도 기존 짧은 작업을 모두 수행하고 그 다음 짧은 작업을 이어나가는데, SRF(Shortest Remaining Time First)는 중간에 더 짧은 작업이 들어오면 수행하던 프로세스를 중지하고 해당 프로세스를 수행하는 알고리즘입니다.

다단계 큐

다단계 큐는 우선순위에 따른 준비 큐를 여러 개 사용하고, 큐마다 라운드 로빈이나 FCFS
등 다른 스케줄링 알고리즘을 적용한 것을 말합니다. 큐 간의 프로세스 이동이 안 되므로
스케줄링 부담이 적지만 유연성이 떨어지는 특징이 있습니다.

▼ **그림 3-34** 다단계 큐

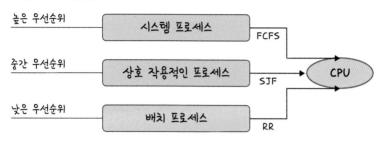

Q 운영체제의 역할은 무엇인가요?

A 운영체제의 역할은 크게 네 가지가 있습니다.

1. **CPU 스케줄링과 프로세스 관리**: CPU 소유권을 어떤 프로세스에 할당할지, 프로세스의 생성과 삭제, 자원 할당 및 반환을 관리합니다.
2. **메모리 관리**: 한정된 메모리를 어떤 프로세스에 얼마큼 할당해야 하는지 관리합니다.
3. **디스크 파일 관리**: 디스크 파일을 어떠한 방법으로 보관할지 관리합니다.
4. **I/O 디바이스 관리**: I/O 디바이스들인 마우스, 키보드 등과 컴퓨터 간에 데이터를 주고받는 것을 관리합니다.

Q PCB는 뭔가요?

A PCB(Process Control Block)는 운영체제에서 프로세스에 대한 메타데이터를 저장한 '데이터'를 말합니다. 프로세스 제어 블록이라고도 합니다. 프로세스가 생성되면 운영체제는 해당 PCB를 생성합니다.

프로그램이 실행되면 프로세스가 생성되고 프로세스 주소 값들에 앞서 설명한 스택, 힙 등의 구조를 기반으로 메모리가 할당됩니다. 그리고 이 프로세스의 메타데이터들이 PCB에 저장되어 관리됩니다. 이는 프로세스의 중요한 정보를 포함하고 있기 때문에 일반 사용자가 접근하지 못하도록 커널 스택의 가장 앞부분에서 관리됩니다.

Q 메모리 계층에 대해 설명해보세요.

A 메모리 계층은 레지스터, 캐시, 메모리, 저장장치로 구성되어 있습니다. 레지스터는 CPU 안에 있는 작은 메모리, 휘발성, 속도 가장 빠름, 기억 용량이 가장 낮습니다. 캐시로는 L1, L2 캐시를 지칭하며 휘발성, 속도 빠름, 기억 용량이 낮습니다. 참고로 L3 캐시도 있습니다. 주기억장치로는 RAM을 가리킵니다. 휘발성, 속도 보통, 기억 용량이 보통입니다. 보조기억장치로는 HDD, SSD를 일컬으며 비휘발성, 속도 낮음, 기억 용량이 높습니다.

데이터베이스

데이터베이스의 기본

데이터베이스(DB, DataBase)는 일정한 규칙, 혹은 규약을 통해 구조화되어 저장되는 데이터의 모음입니다. 해당 데이터베이스를 제어, 관리하는 통합 시스템을 DBMS (DataBase Management System)라고 하며, 데이터베이스 안에 있는 데이터들은 특정 DBMS마다 정의된 쿼리 언어(query language)를 통해 삽입, 삭제, 수정, 조회 등을 수행할 수 있습니다. 또한, 데이터베이스는 실시간 접근과 동시 공유가 가능합니다.

▼ **그림 4-1** 데이터베이스와 DBMS

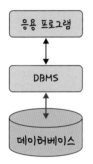

앞의 그림처럼 데이터베이스 위에 DBMS가 있고 그 위에 응용 프로그램이 있으며, 이러한 구조를 기반으로 데이터를 주고받습니다. 예를 들어 MySQL이라는 DBMS가 있고 그 위에 응용 프로그램에 속하는 Node.js나 php에서 해당 데이터베이스 안에 있는 데이터를 끄집어내 해당 데이터 관련 로직을 구축할 수 있는 것이죠.

4.1.1 엔터티

엔터티(entity)는 사람, 장소, 물건, 사건, 개념 등 여러 개의 속성을 지닌 명사를 의미합니다. 예를 들어 회원이라는 엔터티가 있다고 해봅시다. 회원은 이름, 아이디, 주소, 전화번호의 속성을 갖겠죠?

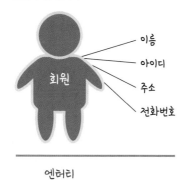

▼ **그림 4-2** 엔터티

이름

아이디

회원

주소

전화번호

엔터티

물론 이보다 많은 속성이 있지만 서비스의 요구 사항에 맞춰 속성이 정해집니다. 예를 들어 주소라는 속성이 서비스의 요구 사항과 무관한 속성이라면 주소라는 속성은 사라지게 됩니다.

약한 엔터티와 강한 엔터티

엔터티는 약한 엔터티와 강한 엔터티로 나뉩니다. 예를 들어 A가 혼자서는 존재하지 못하고 B의 존재 여부에 따라 종속적이라면 A는 약한 엔터티이고 B는 강한 엔터티가 됩니다. 예를 들어 방은 건물 안에만 존재하기 때문에 방은 약한 엔터티라고 할 수 있고 건물은 강한 엔터티라고 할 수 있습니다.

4.1.2 릴레이션

릴레이션(relation)은 데이터베이스에서 정보를 구분하여 저장하는 기본 단위입니다. 엔터티에 관한 데이터를 데이터베이스는 릴레이션 하나에 담아서 관리합니다.

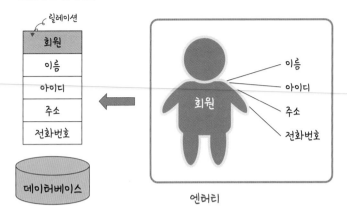

▼ **그림 4-3** 릴레이션

앞의 그림처럼 회원이라는 엔터티가 데이터베이스에서 관리될 때 릴레이션으로 변화된 것을 볼 수 있습니다. 릴레이션은 관계형 데이터베이스에서는 '테이블'이라고 하며, NoSQL 데이터베이스에서는 '컬렉션'이라고 합니다.

테이블과 컬렉션

데이터베이스의 종류는 크게 관계형 데이터베이스와 NoSQL 데이터베이스로 나눌 수 있습니다. 이 중 대표적인 관계형 데이터베이스인 MySQL과 대표적인 NoSQL 데이터베이스인 MongoDB를 예로 들면, MySQL의 구조는 레코드-테이블-데이터베이스로 이루어져 있고 MongoDB 데이터베이스의 구조는 도큐먼트-컬렉션-데이터베이스로 이루어져 있습니다.

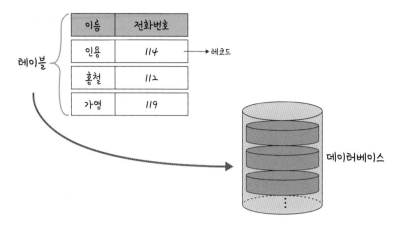

▼ **그림 4-4** 레코드–테이블–데이터베이스의 구조

앞의 그림처럼 레코드가 쌓여서 테이블이 되고 테이블이 쌓여서 데이터베이스가 되는 것이죠.

4.1.3 속성

속성(attribute)은 릴레이션에서 관리하는 구체적이며 고유한 이름을 갖는 정보입니다. 예를 들어 '차'라는 엔터티의 속성을 뽑아봅시다. 차 넘버, 바퀴 수, 차 색깔, 차종 등이 있겠죠? 이 중에서 서비스의 요구 사항을 기반으로 관리해야 할 필요가 있는 속성들만 엔터티의 속성이 됩니다.

4.1.4 도메인

도메인(domain)이란 릴레이션에 포함된 각각의 속성들이 가질 수 있는 값의 집합을 말합니다. 예를 들어 성별이라는 속성이 있다면 이 속성이 가질 수 있는 값은 {남, 여}라는 집합이 됩니다.

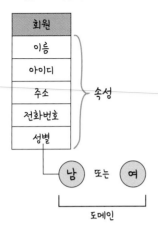

앞의 그림처럼 회원이라는 릴레이션에 이름, 아이디, 주소, 전화번호, 성별이라는 속성이 있고 성별은 {남, 여}라는 도메인을 가지는 것을 알 수 있습니다.

4.1.5 필드와 레코드

앞에서 설명한 것들을 기반으로 데이터베이스에서 필드와 레코드로 구성된 테이블을 만들 수 있습니다.

▼ **그림 4-6** 필드와 레코드

member

name	ID	address	phonenumber
큰돌	kundol	서울	112
가명	kay	대전	114
빅뱅	big	카이루	119
⋮	⋮	⋮	⋮

필드 → (phonenumber)
레코드 → (큰돌 ~ 가명)

회원이란 엔터티는 member라는 테이블로 속성인 이름, 아이디 등을 가지고 있으며 name, ID, address 등의 필드를 가집니다. 그리고 이 테이블에 쌓이는 행(row) 단위의 데이터를 레코드라고 합니다. 또한, 레코드를 튜플이라고도 합니다.

예를 들어 '책'이라는 엔터티를 정의하고 이를 기반으로 테이블을 만들어 보겠습니다.

먼저 어떠한 속성들이 있을까요? 책의 제목, 책의 가격, 책의 ISBN, 책의 저자, 책의 출판년도 등이 있겠죠? 일단 수많은 '속성' 중에서 이름, 저자의 아이디, 출판년도, 장르, 생성 일시, 업데이트 일시만 있다고 해봅시다.

이 엔터티를 데이터베이스에 넣어 테이블로 만들려면 어떻게 해야 할까요? 이 속성에 맞는 타입을 정의해야 합니다. 참고로 타입은 MongoDB나 MySQL 등 데이터베이스마다 조금씩 차이가 있는데 MySQL을 기준으로 설명하겠습니다.

- **책의 아이디**: INT
- **책의 제목**: VARCHAR(255)
- **책의 저자 아이디**: INT
- **책의 출판년도**: VARCHAR(255)
- **책의 장르**: VARCHAR(255)
- **생성 일시**: DATETIME
- **업데이트 일시**: DATETIME

각 속성에 맞는 타입을 정의했습니다. 이를 테이블로 만들면 다음과 같습니다.

▼ **그림 4-7** book 테이블

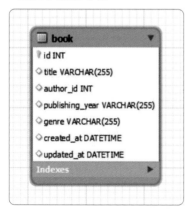

보통 책의 제목, 책의 출판년도처럼 한글을 속성 이름으로 쓰지는 않습니다. title, author_id 등으로 영어 이름에 매핑해서 쓰며 앞서 설명한 속성과 타입들이 들어간 것을 볼 수 있습니다.

참고로 앞의 테이블을 MySQL로 구현하려면 다음과 같은 코드를 입력하면 됩니다.

SQL

```sql
CREATE TABLE book(
    id INT NOT NULL AUTO_INCREMENT,
    title VARCHAR(255),
    author_id INT,
    publishing_year VARCHAR(255),
    genre VARCHAR(255),
    created_at DATETIME,
    updated_at DATETIME,
    PRIMARY KEY (id)
);
```

필드 타입

필드는 타입을 갖습니다. 예를 들어 이름은 문자열이고 전화번호는 숫자겠죠? 이러한 타입들은 DBMS마다 다르며 이 책에서는 MySQL을 기준으로 설명하겠습니다. 여러 가지 타입이 있고 대표적인 타입인 숫자, 날짜, 문자 타입에 대해 알아보겠습니다.

숫자 타입

숫자 타입으로는 TINYINT, SMALLINT, MEDIUMINT, INT, BIGINT 등이 있습니다.

▼ 표 4-1 MySQL 숫자 타입

타입	용량(바이트)	최솟값(부호 있음)	최솟값(부호 없음)	최댓값(부호 없음)	최댓값(부호 있음)
TINYINT	1	−128	0	127	255
SMALLINT	2	−32768	0	32767	65535
MEDIUMINT	3	−8388608	0	8388607	16777215
INT	4	−2147483648	0	2147483647	4294967295
BIGINT	8	−263	0	263−1	264−1

날짜 타입

날짜 타입으로는 DATE, DATETIME, TIMESTAMP 등이 있습니다.

DATE

날짜 부분은 있지만 시간 부분은 없는 값에 사용됩니다. 지원되는 범위는 1000-01-01~9999-12-31입니다. 3바이트의 용량을 가집니다.

DATETIME

날짜 및 시간 부분을 모두 포함하는 값에 사용됩니다. 지원되는 범위는 1000-01-01 00:00:00에서 9999-12-31 23:59:59입니다. 8바이트의 용량을 가집니다.

TIMESTAMP

날짜 및 시간 부분을 모두 포함하는 값에 사용됩니다. 1970-01-01 00:00:01에서 2038-01-19 03:14:07까지 지원합니다. 4바이트의 용량을 가집니다.

문자 타입

문자 타입으로는 CHAR, VARCHAR, TEXT, BLOB, ENUM, SET이 있습니다.

CHAR와 VARCHAR

CHAR 또는 VARCHAR 모두 그 안에 수를 입력해서 몇 자까지 입력할지 정합니다. 예를 들어 CHAR(30)이라면 최대 30글자까지 입력할 수 있습니다.

CHAR는 고정 길이 문자열이며 길이는 0에서 255 사이의 값을 가집니다. 레코드를 저장할 때 무조건 선언한 길이 값으로 '고정'해서 저장됩니다. 예를 들어 CHAR(100)으로 선언한 후 10글자를 저장해도 100바이트로 저장되게 됩니다.

VARCHAR는 가변 길이 문자열입니다. 길이는 0에서 65,535 사이의 값으로 지정할 수 있으며, 입력된 데이터에 따라 용량을 가변시켜 저장합니다. 예를 들어 10글자의 이메일을 저장할 경우 10글자에 해당하는 바이트 + 길이기록용 1바이트로 저장하게 됩니다. VARCHAR(10000)으로 선언했음에도 말이죠.

그렇기 때문에 CHAR의 경우 유동적이지 않은 길이를 가진 데이터의 경우에 효율적이며, 유동적인 길이를 가진 데이터는 VARCHAR로 저장하는 것이 좋습니다.

TEXT와 BLOB

두 개의 타입 모두 큰 데이터를 저장할 때 쓰는 타입입니다.

TEXT는 큰 문자열 저장에 쓰며 주로 게시판의 본문을 저장할 때 씁니다.

BLOB은 이미지, 동영상 등 큰 데이터 저장에 씁니다. 그러나 보통은 아마존의 이미지 호스팅 서비스인 S3를 이용하는 등 서버에 파일을 올리고 파일에 관한 경로를 VARCHAR로 저장합니다.

▼ **그림 4-8** 아마존의 S3

ENUM과 SET

ENUM과 SET 모두 문자열을 열거한 타입입니다.

ENUM은 ENUM('x-small', 'small', 'medium', 'large', 'x-large') 형태로 쓰이며, 이 중에서 하나만 선택하는 단일 선택만 가능하고 ENUM 리스트에 없는 잘못된 값을 삽입하면 빈 문자열이 대신 삽입됩니다. ENUM을 이용하면 x-small 등이 0, 1 등으로 매핑되어 메모리를 적게 사용하는 이점을 얻습니다. ENUM은 최대 65,535개의 요소들을 넣을 수 있습니다.

SET은 ENUM과 비슷하지만 여러 개의 데이터를 선택할 수 있고 비트 단위의 연산을 할 수 있으며 최대 64개의 요소를 집어넣을 수 있다는 점이 다릅니다.

참고로 ENUM이나 SET을 쓸 경우 공간적으로 이점을 볼 수 있지만 애플리케이션의 수정에 따라 데이터베이스의 ENUM이나 SET에서 정의한 목록을 수정해야 한다는 단점이 있습니다.

4.1.6 관계

데이터베이스에 테이블은 하나만 있는 것이 아닙니다. 여러 개의 테이블이 있고 이러한
테이블은 서로의 관계가 정의되어 있습니다. 이러한 관계를 관계화살표로 나타냅니다.

▼ **그림 4-9** 관계화살표

1:1 관계

예를 들어 유저당 유저 이메일은 한 개씩 있겠죠? 이 경우 1:1 관계가 됩니다.

▼ **그림 4-10** 1:1 관계

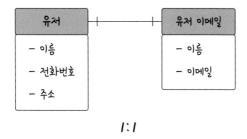

1:1 관계는 테이블을 두 개의 테이블로 나눠 테이블의 구조를 더 이해하기 쉽게 만들어 줍
니다.

1:N 관계

예를 들어 쇼핑몰을 운영한다고 해봅시다. 한 유저당 여러 개의 상품을 장바구니에 넣을수 있겠죠? 이 경우 1:N 관계가 됩니다. 물론 하나도 넣지 않는 0개의 경우도 있으니 0도포함되는 화살표를 통해 표현해야 합니다.

▼ 그림 4-11 1:N 관계

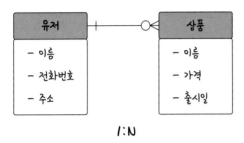

이렇게 한 개체가 다른 많은 개체를 포함하는 관계를 말합니다.

N:M 관계

학생과 강의의 관계를 정의하면 어떻게 될까요? 학생도 강의를 많이 들을 수 있고 강의도여러 명의 학생을 포함할 수 있습니다. 이 경우 N:M이 됩니다.

▼ 그림 4-12 N:M 관계

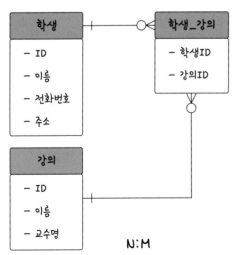

지금 보면 중간에 학생_강의라는 테이블이 끼어 있습니다. N:M은 테이블 두 개를 직접적으로 연결해서 구축하지는 않고 1:N, 1:M이라는 관계를 갖는 테이블 두 개로 나눠서 설정합니다.

4.1.7 키

테이블 간의 관계를 조금 더 명확하게 하고 테이블 자체의 인덱스를 위해 설정된 장치로 기본키, 외래키, 후보키, 슈퍼키, 대체키가 있습니다.

▼ **그림 4-13** 키 간의 관계

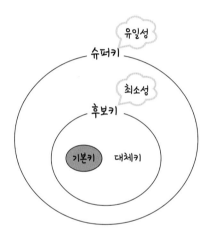

키들은 앞의 그림과 같은 관계를 가집니다. 슈퍼키는 유일성이 있고 그 안에 포함된 후보키는 최소성까지 갖춘 키입니다. 후보키 중에서 기본키로 선택되지 못한 키는 대체키가 됩니다. 유일성은 중복되는 값은 없으며, 최소성은 필드를 조합하지 않고 최소 필드만 써서 키를 형성할 수 있는 것을 말합니다.

기본키

기본키(Primary Key)는 줄여 PK 또는 프라이머리키라고 많이 부르며, 유일성과 최소성을 만족하는 키입니다.

▼ **그림 4-14** 기본키가 안 되는 키

ID	name
PDT-0001	홍철이의 따스한 점퍼
PDT-0002	제호의 BMW
~~PDT-0002~~	~~제호의 BMW~~ ✗
PDT-0003	종선이의 벤츠

이는 테이블의 데이터 중 고유하게 존재하는 속성이며 기본키에 해당하는 데이터는 앞의
그림의 ID처럼 중복되어서는 안 됩니다. PDT-0002가 중복되기 때문에 ID라는 필드는
기본키가 되지 말아야 합니다.

▼ **그림 4-15** 기본키가 되는 키

ID	name
1	주홍철
2	주홍철
3	최범석
4	양기영

앞의 그림에서 ID는 기본키로 설정할 수 있겠죠? 물론 {ID, name}이라는 복합키를 기본
키로 설정할 수 있지만 그렇게 되면 최소성을 만족하지 않습니다.

기본키는 자연키 또는 인조키 중에 골라 설정합니다.

자연키

예를 들어 유저 테이블을 만든다고 가정하면 주민등록번호, 이름, 성별 등의 속성이 있습
니다. 이 중 이름, 성별 등은 중복된 값이 들어올 수 있으므로 부적절하고 남는 것은 주민
등록번호입니다. 이런 식으로 중복된 값들을 제외하며 중복되지 않는 것을 '자연스레' 뽑
다가 나오는 키를 자연키라고 합니다. 자연키는 언젠가는 변하는 속성을 가집니다.

인조키

예를 들어 유저 테이블을 만든다고 했을 때 회원 테이블을 생성한다고 가정하면 주민등록
번호, 이름, 성별 등의 속성이 있습니다. 여기에 인위적으로 유저 아이디를 부여합니다.
이를 통해 고유 식별자가 생겨납니다. 오라클은 sequence, MySQL은 auto increment 등
으로 설정합니다. 이렇게 인위적으로 생성한 키를 인조키라고 합니다. 자연키와는 대조적
으로 변하지 않습니다. 따라서 보통 기본키는 인조키로 설정합니다.

외래키

외래키(Foreign Key)는 FK라고도 하며, 다른 테이블의 기본키를 그대로 참조하는 값으로
개체와의 관계를 식별하는 데 사용합니다.

▼ **그림 4-16** 외래키

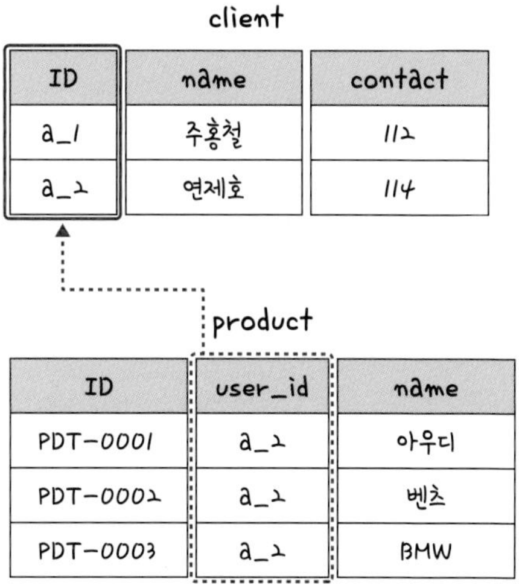

client

ID	name	contact
a_1	주홍철	112
a_2	연제호	114

product

ID	user_id	name
PDT-0001	a_2	아우디
PDT-0002	a_2	벤츠
PDT-0003	a_2	BMW

외래키는 중복되어도 괜찮습니다. 앞의 그림을 보면 client라는 테이블의 기본키인 ID가
product라는 테이블의 user_id라는 외래키로 설정될 수 있음을 보여줍니다. 또한, user_id
는 a_2라는 값이 중복되는 것을 볼 수 있습니다.

후보키

후보키(candidate key)는 기본키가 될 수 있는 후보들이며 유일성과 최소성을 동시에 만족하는 키입니다.

대체키

대체키(alternate key)는 후보키가 두 개 이상일 경우 어느 하나를 기본키로 지정하고 남은 후보키들을 말합니다.

슈퍼키

슈퍼키(super key)는 각 레코드를 유일하게 식별할 수 있는 유일성을 갖춘 키입니다.

4.2 ERD와 정규화 과정

ERD(Entity Relationship Diagram)는 데이터베이스를 구축할 때 가장 기초적인 뼈대 역할을 하며, 릴레이션 간의 관계들을 정의한 것입니다. 만약 서비스를 구축한다면 가장 먼저 신경 써야 할 부분이며 이 부분을 신경 쓰지 않고 서비스를 구축한다면 단단하지 않은 골조로 건물을 짓는 것이나 다름없습니다.

4.2.1 ERD의 중요성

ERD는 시스템의 요구 사항을 기반으로 작성되며 이 ERD를 기반으로 데이터베이스를 구축합니다. 데이터베이스를 구축한 이후에도 디버깅 또는 비즈니스 프로세스 재설계가 필요한 경우에 설계도 역할을 담당하기도 합니다.

하지만 ERD는 관계형 구조로 표현할 수 있는 데이터를 구성하는 데 유용할 수 있지만 비정형 데이터를 충분히 표현할 수 없다는 단점이 있습니다.

> **용어**
>
> — **비정형 데이터**
> 비구조화 데이터를 말하며, 미리 정의된 데이터 모델이 없거나 미리 정의된 방식으로 정리되지 않은 정보를 말한다.

4.2.2 예제로 배우는 ERD

다음 예제의 서비스 요구 사항과 답을 기반으로 ERD를 작성하며 공부해볼까요?

참고로 정답 ERD의 테이블 필드, 타입은 생략했습니다.

승원 영업부서의 ERD

요구 사항

- 영업사원은 0 ~ n명의 고객을 관리한다.
- 고객은 0 ~ n개의 주문을 넣을 수 있다.
- 주문에는 1 ~ n개의 상품이 들어간다.

정답

▼ **그림 4-17** 승원 영업부서의 ERD

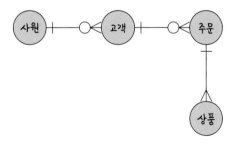

무무오브레전드의 ERD

요구 사항

- 선수들은 1명의 챔피언을 고를 수 있다.
- 챔피언은 한 개 이상의 스킬을 갖는다.
- 스킬은 한 개 이상의 특성을 갖는나.

정답

▼ **그림 4-18** 무무오브레전드의 ERD

4.2.3 정규화 과정

정규화 과정은 릴레이션 간의 잘못된 종속 관계로 인해 데이터베이스 이상 현상이 일어나서 이를 해결하거나, 저장 공간을 효율적으로 사용하기 위해 릴레이션을 여러 개로 분리하는 과정입니다.

데이터베이스 이상 현상이란 회원이 한 개의 등급을 가져야 하는데 세 개의 등급을 갖거나 삭제할 때 필요한 데이터가 같이 삭제되고, 데이터를 삽입해야 하는데 하나의 필드 값이 NULL이 되면 안 되어서 삽입하기 어려운 현상을 말합니다.

정규화 과정은 정규형 원칙을 기반으로 정규형을 만들어가는 과정이며, 정규화된 정도는 정규형(NF, Normal Form)으로 표현합니다. 기본 정규형인 제1정규형, 제2정규형, 제3정규형, 보이스/코드 정규형이 있고 고급 정규형인 제4정규형, 제5정규형이 있습니다. 이 중 기본 정규형인 제1 · 2 · 3정규형, 보이스/코드 정규형을 알아보겠습니다.

정규형 원칙

정규형의 원칙이란 같은 의미를 표현하는 릴레이션이지만 좀 더 좋은 구조로 만들어야 하고, 자료의 중복성은 감소해야 하고, 독립적인 관계는 별개의 릴레이션으로 표현해야 하며, 각각의 릴레이션은 독립적인 표현이 가능해야 하는 것을 말합니다.

제1정규형

릴레이션의 모든 도메인이 더 이상 분해될 수 없는 원자 값(atomic value)만으로 구성되어야 합니다. 릴레이션의 속성 값 중에서 한 개의 기본키에 대해 두 개 이상의 값을 가지는 반복 집합이 있어서는 안 됩니다. 만약에 반복 집합이 있다면 제거해야 합니다.

▼ **그림 4-19** 제1정규형

유저번호	유저ID	수강명	성취도
1	홍철	{C++코딩테스트, 프런트특강}	{90%, 10%}
2	범석	{코드포스특강, DS특강}	{7%, 8%}

유저번호	유저ID	수강명	성취도
1	홍철	C++코딩테스트	90%
1	홍철	프런트특강	10%
2	범석	코드포스특강	7%
2	범석	DS특강	8%

앞의 그림처럼 홍철이란 ID에 수강명이 {C++코딩테스트, 프런트특강}이 있었는데 이것을 나눠서 반복 집합을 제거하는 것을 볼 수 있습니다.

제2정규형

릴레이션이 제1정규형이며 부분 함수의 종속성을 제거한 형태를 말합니다.

부분 함수의 종속성 제거란 기본키가 아닌 모든 속성이 기본키에 완전 함수 종속적인 것을 말합니다.

▼ **그림 4-20** 제2정규형

유저번호	유저ID	수강명	성취도
1	홍철	C++코딩테스트	90%
1	홍철	프런트특강	10%
2	범석	코드포스특강	7%
2	범석	DS특강	8%

유저번호	유저ID
1	홍철
2	범석

유저ID	수강명	성취도
홍철	C++코딩테스트	90%
홍철	프런트특강	10%
범석	코드포스특강	7%
범석	DS특강	8%

앞의 그림을 보면 기본키인 {유저ID, 수강명}과 완전 종속된 유저번호 릴레이션과 '{유저ID, 수강명}에 따른 성취도' 릴레이션으로 분리된 것을 볼 수 있습니다.

이때 주의할 점은 릴레이션을 분해할 때 동등한 릴레이션으로 분해해야 하고, 정보 손실이 발생하지 않는 무손실 분해로 분해되어야 한다는 것입니다.

제3정규형

제2정규형이고 기본키가 아닌 모든 속성이 이행적 함수 종속(transitive FD)을 만족하지 않는 상태를 말합니다.

이행적 함수 종속

이행적 함수 종속이란 A → B와 B → C가 존재하면 논리적으로 A → C가 성립하는데, 이때 집합 C가 집합 A에 이행적으로 함수 종속이 되었다고 합니다.

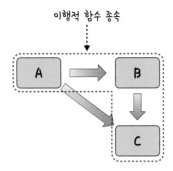

예를 들어 무무쇼핑몰이 있다고 해봅시다. 유저ID와 등급, 할인율이 정해져 있는 테이블을 다음과 같이 분해하는 것을 말합니다.

▼ 그림 4-22 제3정규형

유저ID	등급	할인율
홍철	플래티넘	30%
범수	다이아	50%
가영	마스터	70%

유저ID	등급
홍철	플래티넘
범수	다이아
가영	마스터

등급	할인율
플래티넘	30%
다이아	50%
마스터	70%

보이스/코드 정규형

보이스/코드 정규형(BCNF)은 제3정규형이고, 결정자가 후보키가 아닌 함수 종속 관계를 제거하여 릴레이션의 함수 종속 관계에서 모든 결정자가 후보키인 상태를 말합니다.

─ **결정자**

함수 종속 관계에서 특정 종속자(dependent)를 결정짓는 요소, 'X→Y'일 때 X는 결정자, Y는 종속자이다.

요구 사항은 다음과 같다고 해봅시다.

- 각 수강명에 대해 한 학생은 오직 한 강사의 강의만 수강한다.

- 각 강사는 한 수강명만 담당한다.

- 한 수강명은 여러 강사가 담당할 수 있다.

▼ **그림 4-23** 학번–수강명–강사 릴레이션

학번	수강명	강사
12010	코딩테스트	큰돌
12010	MEVN	재엽
12011	코딩테스트	큰돌
12011	MEVN	가영
NULL	롤	범석

↑
↳ 삽입 이상

앞의 릴레이션을 보면 {학번, 수강명} 또는 {학번, 강사}가 후보키가 되며, 만약 범석이라는 강사가 '롤'이라는 수강명을 담당한다고 했을 때 이를 삽입하면 학번이 NULL이 되는 문제점이 발생합니다. 또한, 이 릴레이션은 다음과 같은 함수 종속 다이어그램을 가집니다.

▼ **그림 4-24** 학번–강사–수강명 함수 종속

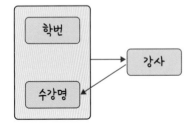

즉, 강사 속성이 결정자이지만 후보키가 아니므로 이 강사 속성을 분리해야 합니다.

▼ **그림 4-25** 보이스/코드 정규형을 만족한 릴레이션

학번	수강명	강사
12010	코딩테스트	큰돌
12010	MEVN	재엽
12011	코딩테스트	큰돌
12011	MEVN	가영
NULL	롤	범석

↑ 삽입 이상

학번	강사
12010	큰돌
12010	재엽
12011	큰돌
12011	가영

수강명	강사
코딩테스트	큰돌
MEVN	재엽
MEVN	가영
롤	범석

앞의 그림처럼 롤–범석이 제대로 들어갔으며 학번–강사/수강명–강사로 잘 분해된 모습을 볼 수 있죠?

참고로 이렇게 정규형 과정을 거쳐 테이블을 나눈다고 해서 성능이 100% 좋아지는 것은 아닙니다. 성능이 좋아질 수도 나빠질 수도 있습니다. 테이블을 나누게 되면 어떠한 쿼리는 조인을 해야 하는 경우도 발생해서 오히려 느려질 수도 있기 때문에 서비스에 따라 정규화 또는 비정규화 과정을 진행해야 합니다.

4.3 / 트랜잭션과 무결성

SECTION

4.3.1 트랜잭션

트랜잭션은 데이터베이스에서 하나의 논리적 기능을 수행하기 위한 작업의 단위를 말하며 데이터베이스에 접근하는 방법은 쿼리이므로, 즉 여러 개의 쿼리들을 하나로 묶는 단위를 말합니다. 이에 대한 특징은 원자성, 일관성, 독립성, 지속성이 있으며 이를 한꺼번에 ACID 특징이라고 합니다.

원자성

"all or nothing"

원자성(atomicity)은 트랜잭션과 관련된 일이 모두 수행되었거나 되지 않았거나를 보장하는 특징입니다. 예를 들어 트랜잭션을 커밋했는데, 문제가 발생하여 롤백하는 경우 그 이후에 모두 수행되지 않음을 보장하는 것을 말합니다.

예를 들어 1000만 원을 가진 홍철이가 0원을 가진 규영이에게 500만 원을 이체한다고 해봅시다. 그렇다면 결과는 홍철이는 500만 원, 규영이는 500만 원을 가지겠죠? 해당 결과는 다음과 같은 operation 단위들로 이루어진 과정을 거칩니다.

1. 홍철의 잔고를 조회한다.
2. 홍철에게서 500만 원을 뺀다.
3. 규영에게 500만 원을 넣는다.

여기서 **1~3**의 operation 중 데이터베이스 사용자는 이 세 가지의 과정을 볼 수도 참여할 수도 없습니다. 다만 이 과정이 모두 끝난 이후의 상황인 홍철 500만 원, 규영 500만 원인 상황만 보는 것이죠.

여기서 이 작업을 '취소'한다고 했을 때 홍철이는 다시 1000만 원, 규영이는 0원을 가져야 합니다. 일부 operation만 적용된 홍철이는 500만 원, 규영이는 0원이 되지 않는 것을 의미합니다. 그래서 all or nothing인 것입니다.

또한, 트랜잭션 단위로 여러 로직들을 묶을 때 외부 API를 호출하는 것이 있으면 안 됩니다. 만약 있다면 롤백이 일어났을 때 어떻게 해야 할 것인지에 대한 해결 방법이 있어야 하고 트랜잭션 전파를 신경 써서 관리해야 합니다.

커밋과 롤백

커밋(commit)은 여러 쿼리가 성공적으로 처리되었다고 확정하는 명령어입니다. 트랜잭션 단위로 수행되며 변경된 내용이 모두 영구적으로 저장되는 것을 말합니다. "커밋이 수행되었다."를 "하나의 트랜잭션이 성공적으로 수행되었다."라고도 말합니다.

▼ 그림 4-26 커밋

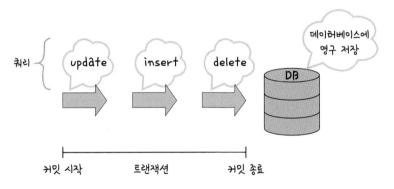

앞의 그림처럼 update, insert, delete의 쿼리가 하나의 트랜잭션 단위로 수행되고 이후에 데이터베이스에 영구 저장됩니다.

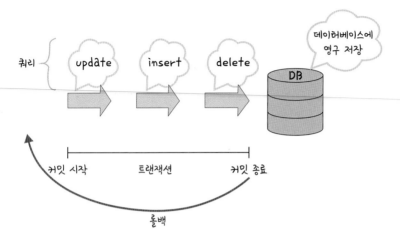

하지만 에러나 여러 이슈 때문에 트랜잭션 전으로 돌려야 한다면 어떻게 해야 할까요? 이때 사용하는 것이 롤백입니다. 롤백이란 트랜잭션으로 처리한 하나의 묶음 과정을 일어나기 전으로 돌리는 일(취소)을 말합니다.

이러한 커밋과 롤백 덕에 데이터의 무결성이 보장됩니다. 또한, 데이터 변경 전에 변경 사항을 쉽게 확인할 수 있고 해당 작업을 그룹화할 수 있습니다.

트랜잭션 전파

트랜잭션을 수행할 때 커넥션 단위로 수행하기 때문에 커넥션 객체를 넘겨서 수행해야 합니다. 하지만 이를 매번 넘겨주기가 어렵기도 하고 귀찮기도 하죠. 이를 넘겨서 수행하지 않고 여러 트랜잭션 관련 메서드의 호출을 하나의 트랜잭션에 묶이도록 하는 것을 트랜잭션 전파라고 합니다.

자바

```java
@Service
@Transactional(readOnly = true)
public class MemberService {
    private final MemberRepository memberRepository;

    public MemberService(MemberRepository memberRepository) {
        this.memberRepository = memberRepository;
    }
```

앞의 코드처럼 Spring 프레임워크에서는 @Transactional 애너테이션을 통해 여러 쿼리 관련 코드들을 하나의 트랜잭션으로 처리합니다.

일관성

일관성(consistency)은 '허용된 방식'으로만 데이터를 변경해야 하는 것을 의미합니다. 데이터베이스에 기록된 모든 데이터는 여러 가지 조건, 규칙에 따라 유효함을 가져야 합니다. 예를 들어 홍철이는 1000만 원이 있고 범석이는 0원이 있다고 칩시다. 범석이가 필자한테 500만 원을 입금할 수 있을까요? 불가능합니다. 0원으로부터 500만 원이 나오는 것은 불가능하니까요(마이너스 통장은 제외합니다).

격리성

격리성(isolation)은 트랜잭션 수행 시 서로 끼어들지 못하는 것을 말합니다. 복수의 병렬 트랜잭션은 서로 격리되어 마치 순차적으로 실행되는 것처럼 작동되어야 하고, 데이터베이스는 여러 사용자가 같은 데이터에 접근할 수 있어야 합니다. 그냥 순차적으로 하면 쉽게 되겠지만 그렇게 하면 성능이 나쁘겠죠?

격리성은 여러 개의 격리 수준으로 나뉘어 격리성을 보장합니다.

▼ **그림 4-28** 여러 개의 격리 수준

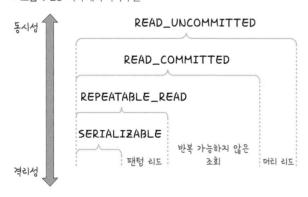

격리 수준은 SERIALIZABLE, REPEATABLE_READ, READ_COMMITTED, READ_UNCOMMITTED가 있으며 위로 갈수록 동시성이 강해지지만 격리성은 약해지고, 아

래로 갈수록 동시성은 약해지고 격리성은 강해집니다. 예를 들어 SERIALIZABLE은 격리성이 강한데 반해, 동시성은 약합니다. 또한, 각 단계마다 나타나는 현상이 있습니다.

REPEATABLE_READ는 팬텀 리드, READ_COMMITTED는 팬텀 리드, 반복 가능하지 않은 조회가 발생하며, READ_UNCOMMITTED는 팬텀 리드, 반복 가능하지 않은 조회, 더티 리드가 발생할 수도 있습니다.

격리 수준에 따라 발생하는 현상

격리 수준에 따라 발생하는 현상은 팬텀 리드, 반복 가능하지 않은 조회, 더티 리드가 있습니다.

팬텀 리드

팬텀 리드(phantom read)는 한 트랜잭션 내에서 동일한 쿼리를 보냈을 때 해당 조회 결과가 다른 경우를 말합니다.

예를 들어 사용자 A가 회원 테이블에서 age가 12 이상인 회원들을 조회하는 쿼리를 보낸다고 해봅시다. 이 결과로 세 개의 테이블이 조회한다고 해보죠. 그다음 사용자 B가 age가 15인 회원 레코드를 삽입합니다. 그러면 그다음 세 개가 아닌 네 개의 테이블이 조회되는 것이죠.

반복 가능하지 않은 조회

반복 가능하지 않은 조회(non-repeatable read)는 한 트랜잭션 내의 같은 행에 두 번 이상 조회가 발생했는데, 그 값이 다른 경우를 가리킵니다. 예를 들어 사용자 A가 큰돌의 보석 개수가 100개라는 값을 가진 데이터였는데, 그 이후 사용자 B가 그 값을 1로 변경해서 커밋했다고 하면 사용자 A는 100이 아닌 1을 읽게 됩니다.

팬텀 리드와 다른 점은 반복 가능하지 않은 조회는 행 값이 달라질 수도 있는데, 팬텀 리드는 다른 행이 선택될 수도 있다는 것을 의미합니다.

더티 리드

더티 리드(dirty read)는 반복 가능하지 않은 조회와 유사하며 한 트랜잭션이 실행 중일 때 다른 트랜잭션에 의해 수정되었지만 아직 '커밋되지 않은' 행의 데이터를 읽을 수 있을 때 발생합니다. 예를 들어 사용자 A가 큰돌의 보석 개수 100을 1로 변경한 내용이 '커밋되지 않은' 상태라도 그 이후 사용자 B가 조회한 결과가 1로 나오는 경우를 말합니다.

격리 수준

SERIALIZABLE

SERIALIZABLE은 말 그대로 트랜잭션을 순차적으로 진행시키는 것을 말합니다. 여러 트랜잭션이 동시에 같은 행에 접근할 수 없습니다. 이 수준은 매우 엄격한 수준으로 해당 행에 대해 격리시키고, 이후 트랜잭션이 이 행에 대해 일어난다면 기다려야 합니다. 그렇기 때문에 교착 상태가 일어날 확률도 많고 가장 성능이 떨어지는 격리 수준입니다.

REPEATABLE_READ

REPEATABLE_READ는 하나의 트랜잭션이 수정한 행을 다른 트랜잭션이 수정할 수 없도록 막아주지만 새로운 행을 추가하는 것은 막지 않습니다. 따라서 이후에 추가된 행이 발견될 수도 있습니다. 이는 MySQL8.0의 innoDB 기본값이기도 합니다.

READ_COMMITTED

READ_COMMITTED는 가장 많이 사용되는 격리 수준이며 PostgreSQL, SQL Server, 오라클에서 기본값으로 설정되어 있습니다. READ UNCOMMITTED와는 달리 다른 트랜잭션이 커밋하지 않은 정보는 읽을 수 없습니다. 즉, 커밋 완료된 데이터에 대해서만 조회를 허용합니다. 하지만 어떤 트랜잭션이 접근한 행을 다른 트랜잭션이 수정할 수 있습니다. 예를 들어 트랜잭션 A가 수정한 행을 트랜잭션 B가 수정할 수도 있습니다. 이 때문에 트랜잭션 A가 같은 행을 다시 읽을 때 다른 내용이 발견될 수 있습니다.

READ_UNCOMMITTED

READ_UNCOMMITTED는 가장 낮은 격리 수준으로, 하나의 트랜잭션이 커밋되기 이전에 다른 트랜잭션에 노출되는 문제가 있지만 가장 빠릅니다. 이는 데이터 무결성을 위해 되도록이면 사용하지 않는 것이 이상적이나, 몇몇 행이 제대로 조회되지 않더라도 괜찮은 거대한 양의 데이터를 '어림잡아' 집계하는 데는 사용하면 좋습니다.

지속성

지속성(durability)은 성공적으로 수행된 트랜잭션은 영원히 반영되어야 하는 것을 의미합니다. 이는 데이터베이스에 시스템 장애가 발생해도 원래 상태로 복구하는 회복 기능이 있어야 함을 뜻하며, 데이터베이스는 이를 위해 체크섬, 저널링, 롤백 등의 기능을 제공합니다.

> **용어**
>
> —— **체크섬**
> 중복 검사의 한 형태로, 오류 정정을 통해 송신된 자료의 무결성을 보호하는 단순한 방법
>
> —— **저널링**
> 파일 시스템 또는 데이터베이스 시스템에 변경 사항을 반영(commit)하기 전에 로깅하는 것, 트랜잭션 등 변경 사항에 대한 로그를 남기는 것

4.3.2 무결성

무결성이란 데이터의 정확성, 일관성, 유효성을 유지하는 것을 말하며, 무결성이 유지되어야 데이터베이스에 저장된 데이터 값과 그 값에 해당하는 현실 세계의 실제 값이 일치하는지에 대한 신뢰가 생깁니다. 무결성의 종류는 다음과 같습니다.

▼ **표 4-2** 무결성 종류

이름	설명
개체 무결성	기본키로 선택된 필드는 빈 값을 허용하지 않습니다.
참조 무결성	서로 참조 관계에 있는 두 테이블의 데이터는 항상 일관된 값을 유지해야 합니다.
고유 무결성	특정 속성에 대해 고유한 값을 가지도록 조건이 주어진 경우 그 속성 값은 모두 고유한 값을 가집니다.
NULL 무결성	특정 속성 값에 NULL이 올 수 없다는 조건이 주어진 경우 그 속성 값은 NULL이 될 수 없다는 제약 조건입니다.

데이터베이스의 종류

4.4.1 관계형 데이터베이스

관계형 데이터베이스(RDBMS)는 행과 열을 가지는 표 형식 데이터를 저장하는 형태의 데이터베이스를 가리키며 SQL이라는 언어를 써서 조작합니다. MySQL, PostgreSQL, 오라클, SQL Server, MSSQL 등이 있습니다. 참고로 관계형 데이터베이스의 경우 표준 SQL은 지키기는 하지만, 각각의 제품에 특화시킨 SQL을 사용합니다. 예를 들어 오라클의 경우 PL/SQL이라고 하며 SQL Server에서는 T-SQL, MySQL은 SQL을 씁니다.

MySQL

MySQL은 대부분의 운영체제와 호환되며 현재 가장 많이 사용하는 데이터베이스입니다.

• 스택 오버플로우 링크: https://insights.stackoverflow.com/survey/2021#most-popular-technologies-database

▼ **그림 4-29** 스택 오버플로우 조사 결과

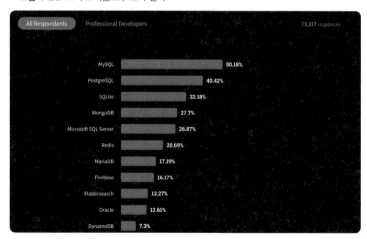

스택 오버플로우에서 조사한 결과(2021)에서 MySQL은 아직도 압도적으로 가장 많이 쓰는 데이터베이스이며 메타, 트위터 등 많은 기업에서 MySQL을 사용하고 있습니다.

C, C++로 만들어졌으며 MyISAM 인덱스 압축 기술, B−트리 기반의 인덱스, 스레드 기반의 메모리 할당 시스템, 매우 빠른 조인, 최대 64개의 인덱스를 제공합니다. 대용량 데이터베이스를 위해 설계되어 있고 롤백, 커밋, 이중 암호 지원 보안 등의 기능을 제공하며 많은 서비스에서 사용합니다.

MySQL의 스토리지 엔진 아키텍처는 다음과 같습니다.

▼ **그림 4-30** MySQL 스토리지 엔진 아키텍처

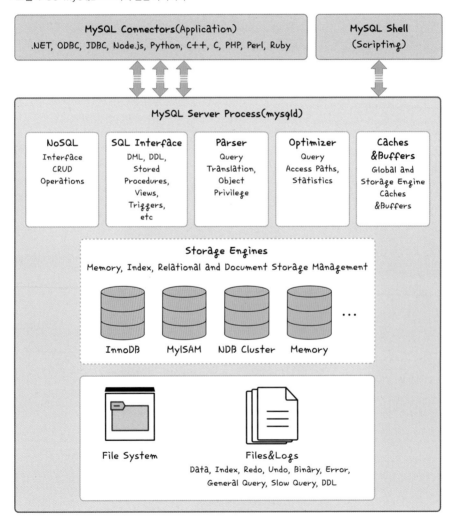

데이터베이스의 심장과도 같은 역할을 하는 곳이 바로 스토리지 엔진인데, 모듈식 아키텍처로 쉽게 스토리지 엔진을 바꿀 수 있으며 데이터 웨어하우징, 트랜잭션 처리, 고가용성 처리에 강점을 두고 있습니다. 스토리지 엔진 위에는 커넥터 API 및 서비스 계층을 통해 MySQL 데이터베이스와 쉽게 상호 작용할 수 있습니다.

또한, MySQL은 쿼리 캐시를 지원해서 입력된 쿼리 문에 대한 전체 결과 집합을 저장하기 때문에 사용자가 작성한 쿼리가 캐시에 있는 쿼리와 동일하면 서버는 단순히 구문 분석, 최적화 및 실행을 건너뛰고 캐시의 출력만 표시합니다.

PostgreSQL

PostgreSQL은 MySQL 다음으로 개발자들이 선호하는 데이터베이스 기술로 널리 인정받고 있습니다.

▼ **그림 4-31** PostgreSQL 로고

디스크 조각이 차지하는 영역을 회수할 수 있는 장치인 VACUUM이 특징입니다. 최대 테이블의 크기는 32TB이며 SQL뿐만 아니라 JSON을 이용해서 데이터에 접근할 수 있습니다. 지정 시간에 복구하는 기능, 로깅, 접근 제어, 중첩된 트랜잭션, 백업 등을 할 수 있습니다.

4.4.2 NoSQL 데이터베이스

NoSQL(Not only SQL)이라는 슬로건에서 생겨난 데이터베이스입니다. SQL을 사용하지 않는 데이터베이스를 말하며, 대표적으로 MongoDB와 redis 등이 있습니다.

MongoDB

MongoDB는 JSON을 통해 데이터에 접근할 수 있고, Binary JSON 형태(BSON)로 데이터가 저장되며 와이어드타이거 엔진이 기본 스토리지 엔진으로 장착된 키-값 데이터 모델에서 확장된 도큐먼트 기반의 데이터베이스입니다. 확장성이 뛰어나며 빅데이터를 저장할 때 성능이 좋고 고가용성과 샤딩, 레플리카셋을 지원합니다. 또한, 스키마를 정해 놓지 않고 데이터를 삽입할 수 있기 때문에 다양한 도메인의 데이터베이스를 기반으로 분석하거나 로깅 등을 구현할 때 강점을 보입니다.

또한, MongoDB는 도큐먼트를 생성할 때마다 다른 컬렉션에서 중복된 값을 지니기 힘든 유니크한 값인 ObjectID가 생성됩니다.

▼ 그림 4-33 MongoDB ObjectID

```
5f494759434 2bf9a4e a20b9e
 타임스탬프      랜덤 값     카운터
```

이는 기본키로 유닉스 시간 기반의 타임스탬프(4바이트), 랜덤 값(5바이트), 카운터(3바이트)로 이루어져 있습니다.

redis

redis는 인메모리 데이터베이스이자 키-값 데이터 모델 기반의 데이터베이스입니다.

▼ 그림 4-34 redis 로고

기본적인 데이터 타입은 문자열(string)이며 최대 512MB까지 저장할 수 있습니다. 이외에도 셋(set), 해시(hash) 등을 지원합니다.

pub/sub 기능을 통해 채팅 시스템, 다른 데이터베이스 앞단에 두어 사용하는 캐싱 계층, 단순한 키-값이 필요한 세션 정보 관리, 정렬된 셋(sorted set) 자료 구조를 이용한 실시간 순위표 서비스에 사용합니다.

4.5 / 인덱스

4.5.1 인덱스의 필요성

인덱스는 데이터를 빠르게 찾을 수 있는 하나의 장치입니다. 예를 들어 책의 마지막 장에 있는 찾아보기를 생각하면 됩니다.

▼ **그림 4-35** 인덱스

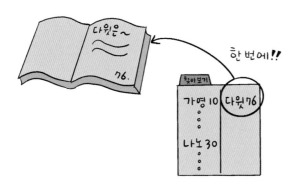

책의 본문이 있고 그 본문 안에 내가 찾고자 하는 '항목'을 찾아보기를 통해 빠르게 찾을 수 있습니다. 이와 마찬가지로 인덱스를 설정하면 테이블 안에 내가 찾고자 하는 데이터를 빠르게 찾을 수 있습니다.

4.5.2 B-트리

인덱스는 보통 B-트리라는 자료 구조로 이루어져 있습니다. 이는 루트 노드, 리프 노드, 그리고 루트 노드와 리프 노드 사이에 있는 브랜치 노드로 나뉩니다.

먼저 루트 노드와 리프 노드를 기반으로 설명하면 다음과 같습니다.

▼ 그림 4-36 B-트리 예제 1

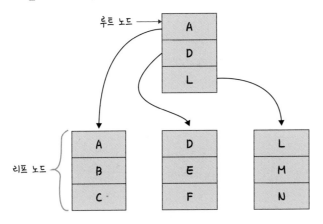

예를 들어 E를 찾는다고 하면 전체 테이블을 탐색하는 것이 아니라 E가 있을 법한 리프 노드로 들어가서 E를 탐색하면 쉽게 찾을 수 있죠. 이 자료 구조 없이 E를 탐색하고자 하면 A, B, C, D, E 다섯 번을 탐색해야 하지만, 이렇게 노드들로 나누면 두 번만에 리프 노드에서 찾을 수 있습니다.

좀 더 자세한 예를 들어 보죠. 키 57에 해당하는 데이터를 검색해야 한다고 해봅시다.

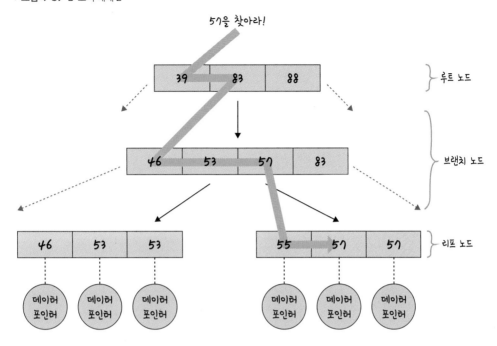

▼ **그림 4-37** B-트리 예제 2

트리 탐색은 맨 위 루트 노드부터 탐색이 일어나며 브랜치 노드를 거쳐 리프 노드까지 내려옵니다. '57보다 같거나 클 때까지 〈='를 기반으로 처음 루트 노드에서는 39, 83 이후 아래 노드로 내려와 46, 53, 57 등 정렬된 값을 기반으로 탐색하는 것을 볼 수 있습니다. 이렇게 루트 노드부터 시작하여 마지막 리프 노드에 도달해서 57이 가리키는 데이터 포인터를 통해 결괏값을 반환하게 됩니다.

인덱스가 효율적인 이유와 대수확장성

인덱스가 효율적인 이유는 효율적인 단계를 거쳐 모든 요소에 접근할 수 있는 균형 잡힌 트리 구조와 트리 깊이의 대수확장성 때문입니다.

대수확장성이란 트리 깊이가 리프 노드 수에 비해 매우 느리게 성장하는 것을 의미합니다. 기본적으로 인덱스가 한 깊이씩 증가할 때마다 최대 인덱스 항목의 수는 4배씩 증가합니다.

트리 깊이	인덱스 항목의 수
3	64
4	256
5	1,024
6	4,096
7	16,384
8	65,536
9	262,144
10	1,048,576

앞의 표처럼 트리 깊이는 열 개짜리로, 100만 개의 레코드를 검색할 수 있다는 의미입니다. 참고로 실제 인덱스는 이것보다 훨씬 더 효율적이며, 그렇기 때문에 인덱스가 효율적이라고 볼 수 있습니다.

4.5.3 인덱스 만드는 방법

인덱스를 만드는 방법은 데이터베이스마다 다르며 MySQL과 MongoDB를 기준으로 설명합니다.

MySQL

MySQL의 경우 클러스터형 인덱스와 세컨더리 인덱스가 있으며, 클러스터형 인덱스는 테이블당 하나를 설정할 수 있습니다. primary key 옵션으로 기본키로 만들면 클러스터형 인덱스를 생성할 수 있고, 기본키로 만들지 않고 unique not null 옵션을 붙이면 클러스터형 인덱스로 만들 수 있습니다.

create index... 명령어를 기반으로 만들면 세컨더리 인덱스를 만들 수 있습니다. 하나의 인덱스만 생성할 것이라면 클러스터형 인덱스를 만드는 것이 세컨더리 인덱스를 만드는 것보다 성능이 좋습니다.

세컨더리 인덱스는 보조 인덱스로 여러 개의 필드 값을 기반으로 쿼리를 많이 보낼 때 생성해야 하는 인덱스입니다. 예를 들어 age라는 하나의 필드만으로 쿼리를 보낸다면 클러스터형 인덱스만 필요하겠죠? 하지만 age, name, email 등 다양한 필드를 기반으로 쿼리를 보낼 때는 세컨더리 인덱스를 사용해야 합니다.

MongoDB

MongoDB의 경우 도큐먼트를 만들면 자동으로 ObjectID가 형성되며, 해당 키가 기본키로 설정됩니다. 그리고 세컨더리키도 부가적으로 설정해서 기본키와 세컨더리키를 같이 쓰는 복합 인덱스를 설정할 수 있습니다.

4.5.4 인덱스 최적화 기법

인덱스 최적화 기법은 데이터베이스마다 조금씩 다르지만 기본적인 골조는 똑같기 때문에 특정 데이터베이스를 기준으로 설명해도 무방합니다. 이 책에서는 MongoDB를 기반으로 인덱스 최적화 기법을 설명하며, 이를 기반으로 다른 데이터베이스에 웬만큼 적용할 수 있습니다.

1. 인덱스는 비용이다

먼저 인덱스는 두 번 탐색하도록 강요합니다. 인덱스 리스트, 그다음 컬렉션 순으로 탐색하기 때문이며, 관련 읽기 비용이 들게 됩니다.

또한, 컬렉션이 수정되었을 때 인덱스도 수정되어야 합니다. 마치 책의 본문이 수정되었을 때 목차나 찾아보기도 수정해야 하듯이 말이죠. 이때 B-트리의 높이를 균형 있게 조절하는 비용도 들고, 데이터를 효율적으로 조회할 수 있도록 분산시키는 비용도 들게 됩니다.

그렇기 때문에 쿼리에 있는 필드에 인덱스를 무작정 다 설정하는 것은 답이 아닙니다. 또한, 컬렉션에서 가져와야 하는 양이 많을수록 인덱스를 사용하는 것은 비효율적입니다.

2. 항상 테스팅하라

인덱스 최적화 기법은 서비스 특징에 따라 달라집니다. 서비스에서 사용하는 객체의 깊이, 테이블의 양 등이 다르기 때문이죠. 그렇기 때문에 항상 테스팅하는 것이 중요합니다. explain() 함수를 통해 인덱스를 만들고 쿼리를 보낸 이후에 테스팅을 하며 걸리는 시간을 최소화해야 합니다.

참고로 MySQL에서는 다음과 같은 코드로 테스팅을 수행합니다.

`SQL`

```
EXPLAIN
SELECT * FROM t1
JOIN t2 ON t1.c1 = t2.c1
```

3. 복합 인덱스는 같음, 정렬, 다중 값, 카디널리티 순이다

보통 여러 필드를 기반으로 조회를 할 때 복합 인덱스를 생성하는데, 이 인덱스를 생성할 때는 순서가 있고 생성 순서에 따라 인덱스 성능이 달라집니다. 같음, 정렬, 다중 값, 카디널리티 순으로 생성해야 합니다.

1. 어떠한 값과 같음을 비교하는 ==이나 equal이라는 쿼리가 있다면 제일 먼저 인덱스로 설정합니다.
2. 정렬에 쓰는 필드라면 그다음 인덱스로 설정합니다.
3. 다중 값을 출력해야 하는 필드, 즉 쿼리 자체가 >이거나 < 등 많은 값을 출력해야 하는 쿼리에 쓰는 필드라면 나중에 인덱스를 설정합니다.
4. 유니크한 값의 정도를 카디널리티라고 합니다. 이 카디널리티가 높은 순서를 기반으로 인덱스를 생성해야 합니다. 예를 들어 age와 email이 있다고 해봅시다. 어떤 것이 더 높죠? 당연히 email입니다. 즉, email이라는 필드에 대한 인덱스를 먼저 생성해야 하는 것입니다.

4.6 조인의 종류
SECTION

조인(join)이란 하나의 테이블이 아닌 두 개 이상의 테이블을 묶어서 하나의 결과물을 만드는 것을 말합니다. MySQL에서는 JOIN이라는 쿼리로, MongoDB에서는 lookup이라는 쿼리로 이를 처리할 수 있습니다.

참고로 MongoDB를 사용할 때 lookup은 되도록 사용하지 말아야 합니다. MongoDB는 조인 연산(lookup)에 대해 관계형 데이터베이스보다 성능이 떨어진다고 여러 벤치마크 테스트에서 알려져 있습니다.

따라서 여러 테이블을 조인하는 작업이 많을 경우 MongoDB보다는 관계형 데이터베이스를 써야 합니다.

조인의 종류 중 대표적인 내부 조인, 왼쪽 조인, 오른쪽 조인, 합집합 조인을 살펴보겠습니다.

▼ **그림 4-38** 조인의 종류

   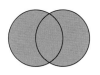

| 내부 조인 | 왼쪽 조인 | 오른쪽 조인 | 합집합 조인 |

앞의 그림처럼 두 테이블 간의 교집합이 있다고 할 때, 다음과 같은 네 가지 조인이 있습니다.

- **내부 조인(inner join)**: 왼쪽 테이블과 오른쪽 테이블의 두 행이 모두 일치하는 행이 있는 부분만 표기합니다.
- **왼쪽 조인(left outer join)**: 왼쪽 테이블의 모든 행이 결과 테이블에 표기됩니다.
- **오른쪽 조인(right outer join)**: 오른쪽 테이블의 모든 행이 결과 테이블에 표기됩니다.
- **합집합 조인(full outer join)**: 두 개의 테이블을 기반으로 조인 조건에 만족하지 않는 행까지 모두 표기합니다.

SQL의 JOIN을 시각화해서 볼 수 있는 사이트가 있습니다. 이 사이트를 통해 어떻게 JOIN을 구축해야 하는지 쉽게 확인할 수 있습니다.

- SQL JOIN 시각화 사이트 링크: https://sql-joins.leopard.in.ua/

▼ 그림 4-39 SQL JOIN 시각화 사이트

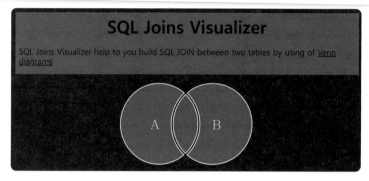

앞으로 설명할 때 왼쪽 테이블은 A, 오른쪽 테이블은 B라 하고 설명하겠습니다.

4.6.1 내부 조인

내부 조인은 두 테이블 간에 교집합을 나타냅니다.

```sql
SELECT * FROM TableA A
INNER JOIN TableB B ON
A.key = B.key
```

4.6.2 왼쪽 조인

왼쪽 조인은 테이블 B의 일치하는 부분의 레코드와 함께 테이블 A를 기준으로 완전한 레코드 집합을 생성합니다. 만약 테이블 B에 일치하는 항목이 없으면 해당 값은 null 값이 됩니다.

```sql
SELECT * FROM TableA A
LEFT JOIN TableB B ON
A.key = B.key
```

4.6.3 오른쪽 조인

오른쪽 조인은 테이블 A에서 일치하는 부분의 레코드와 함께 테이블 B를 기준으로 완전한 레코드 집합을 생성합니다. 만약 테이블 A에 일치하는 항목이 없으면 해당 값은 null 값이 됩니다.

```sql
SELECT * FROM TableA A
RIGHT JOIN TableB B ON
A.key = B.key
```

4.6.4 합집합 조인

합집합 조인(완전 외부 조인)은 양쪽 테이블에서 일치하는 레코드와 함께 테이블 A와 테이블 B의 모든 레코드 집합을 생성합니다. 이때 일치하는 항목이 없으면 누락된 쪽에 null 값이 포함되어 출력됩니다.

```sql
SELECT * FROM TableA A
FULL OUTER JOIN TableB B ON
A.key = B.key
```

조인의 원리

앞서 설명한 조인은 조인의 원리를 기반으로 조인 작업이 이루어집니다. 조인의 원리인 중첩 루프 조인, 정렬 병합 조인, 해시 조인에 대해 알아보겠습니다. 앞서 설명한 조인의 종류는 이 원리를 기반으로 조인을 하는 것입니다.

4.7.1 중첩 루프 조인

중첩 루프 조인(NLJ, Nested Loop Join)은 중첩 for 문과 같은 원리로 조건에 맞는 조인을 하는 방법이며, 랜덤 접근에 대한 비용이 많이 증가하므로 대용량의 테이블에서는 사용하지 않습니다.

예를 들어 "t1, t2 테이블을 조인한다."라고 했을 때 첫 번째 테이블에서 행을 한 번에 하나씩 읽고 그다음 테이블에서도 행을 하나씩 읽어 조건에 맞는 레코드를 찾아 결괏값을 반환합니다.

의사 코드

```
for each row in t1 matching reference key {
    for each row in t2 matching reference key {
        if row satisfies join conditions, send to client
    }
}
```

참고로 중첩 루프 조인에서 발전한 조인할 테이블을 작은 블록으로 나눠서 블록 하나씩 조인하는 블록 중첩 루프 조인(BNL, Block Nested Loop)이라는 방식도 있습니다.

4.7.2 정렬 병합 조인

정렬 병합 조인이란 각각의 테이블을 조인할 필드 기준으로 정렬하고 정렬이 끝난 이후에 조인 작업을 수행하는 조인입니다. 조인할 때 쓸 적절한 인덱스가 없고 대용량의 테이블들을 조인하고 조인 조건으로 〈, 〉 등 범위 비교 연산자가 있을 때 씁니다.

4.7.3 해시 조인

해시 조인은 해시 테이블을 기반으로 조인하는 방법입니다. 두 개의 테이블을 조인한다고 했을 때 하나의 테이블이 메모리에 온전히 들어간다면 보통 중첩 루프 조인보다 더 효율적입니다(메모리에 올릴 수 없을 정도로 크다면 디스크를 사용하는 비용이 발생됩니다). 또한, 동등(=) 조인에서만 사용할 수 있습니다.

MySQL의 경우 MySQL8.0.18 릴리스와 함께 이 기능을 사용할 수 있게 되었으며 이를 기반으로 해시 조인의 과정을 살펴보겠습니다.

MySQL의 해시 조인 단계는 빌드 단계, 프로브 단계로 나눕니다.

빌드 단계

빌드 단계는 입력 테이블 중 하나를 기반으로 메모리 내 해시 테이블을 빌드하는 단계입니다.

예를 들어 persons와 countries라는 테이블을 조인한다고 했을 때 둘 중에 바이트가 더 작은 테이블을 기반으로 해서 테이블을 빌드합니다.

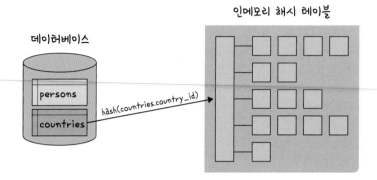

또한, 조인에 사용되는 필드가 해시 테이블의 키로 사용됩니다. 'countries.country_id'가 키로 사용되는 것을 볼 수 있습니다.

프로브 단계

프로브 단계 동안 레코드 읽기를 시작하며, 각 레코드에서 'persons.country_id'에 일치하는 레코드를 찾아서 결괏값으로 반환합니다.

▼ 그림 4-41 프로브 단계

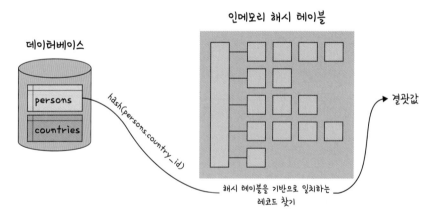

이를 통해 각 테이블은 한 번씩만 읽게 되어 중첩해서 두 개의 테이블을 읽는 중첩 루프 조인보다 보통은 성능이 더 좋습니다. 참고로 사용 가능한 메모리양은 시스템 변수 join_buffer_size에 의해 제어되며, 런타임 시에 조정할 수 있습니다.

Q 데이터베이스는 무엇인가요?

A 데이터베이스(DB, DataBase)는 일정한 규칙, 혹은 규약을 통해 구조화되어 저장되는 데이터의 모음입니다. 해당 데이터베이스를 제어, 관리하는 통합 시스템을 DBMS(DataBase Management System)라고 하며, 데이터베이스 안에 있는 데이터들은 특정 DBMS마다 정의된 쿼리 언어(query language)를 통해 삽입, 삭제, 수정, 조회 등을 수행할 수 있습니다. 또한, 데이터베이스는 실시간 접근과 동시 공유가 가능합니다.

Q 중첩 루프 조인이 무엇인가요?

A 중첩 루프 조인(NLJ, Nested Loop Join)은 중첩 for 문과 같은 원리로 조건에 맞는 조인을 하는 방법이며, 랜덤 접근에 대한 비용이 많이 증가하므로 대용량의 테이블에서는 사용하지 않습니다.
예를 들어 "t1, t2 테이블을 조인한다."라고 했을 때 첫 번째 테이블에서 행을 한 번에 하나씩 읽고 그다음 테이블에서도 행을 하나씩 읽어 조건에 맞는 레코드를 찾아 결괏값을 반환합니다.

Q 인덱스를 매 필드마다 설정하는 것이 좋을까요?

A 먼저 인덱스는 두 번 탐색을 강요합니다. 인덱스 리스트, 그다음 컬렉션 이렇게 두 번을 탐색하기 때문이며 읽기 관련 비용이 더 들게 됩니다. 그렇기 때문에 매 필드마다 설정하는 것은 고찰해봐야 합니다.
또한, 테이블이 수정되면 인덱스도 수정되어야 합니다. 책의 본문이 수정되면 목차나 찾아보기도 수정해야 하듯이 말이죠. 그리고 인덱스를 수정하는 것은 a = 1을 a = 2처럼 값만 수정하는 것보다 쉽지도 않습니다. B-트리 구조를 사용하기 때문에 트리의 높이를 균형 있게 조절하는 비용도 들고 데이터를 분산시켜서 효율적으로 조회할 수 있도록 구축하는 비용도 듭니다.
그렇기 때문에 필드에 인덱스를 무작정 다 설정하는 것은 답이 아닙니다. 또한, 컬렉션에서 가져와야 하는 양이 많을수록 인덱스를 사용하는 것은 비효율적입니다.

CHAPTER

5

자료 구조

자료 구조(data structure)는 효율적으로 데이터를 관리하고 수정, 삭제, 탐색, 저장할 수 있는 데이터 집합을 말합니다.

C++는 STL을 기반으로 전반적인 자료 구조를 가장 잘 설명할 수 있는 언어이며, 이를 기반으로 자료 구조에 대한 참고 코드를 제공합니다.

> ― **STL**
> C++의 표준 템플릿 라이브러리이자 스택, 배열 등 데이터 구조의 함수 등을 제공하는 라이브러리의 묶음

C++는 어려운 언어이지만 이 책에서 설명하는 C++의 수준은 '매우 쉬운 난이도'이며, 책에 실린 모든 C++ 코드는 별도의 프로그램 설치 없이 다음 링크에서 실행할 수 있습니다.

• 링크: https://www.onlinegdb.com/online_c++_compiler

▼ **그림 5-1** C++ 웹 테스터

5.1 / 복잡도

SECTION

복잡도는 시간 복잡도와 공간 복잡도로 나뉩니다.

5.1.1 시간 복잡도

C++의 기본

시간 복잡도를 알아보기 전, 잠시 C++의 기본을 살펴보고 갑시다. 먼저 입력받은 문자열을 출력하는 프로그램을 하나 만들어 보겠습니다.

C++

코드 위치: ch5/1.cpp

```cpp
#include <bits/stdc++.h> // --- (1)
using namespace std;      // --- (2)
string a;                 // --- (3)
int main()
{
    cin >> a;             // --- (4)
    cout << a << "\n";    // --- (5)
    return 0;             // --- (6)
}
```

이렇게 만들고 실행시킨 이후 wow라고 입력하면 wow가 출력됩니다. 차근차근 설명해보죠. C++는 main 함수를 중심으로 돌아가므로 main 함수 하나를 무조건 만들어야 합니다. 이후 컴파일이 시작되면 전역변수 초기화, 라이브러리 import 등의 작업이 일어나고, main 함수에 얽혀 있는 함수들이 작동됩니다. 그리고 나서 main 함수가 0을 리턴하며 프로세스가 종료됩니다.

코드의 각 부분을 설명하면 다음과 같습니다.

1. 헤더 파일입니다. STL 라이브러리를 import합니다. 이 중 bits/stdc++.h는 모든 표준 라이브러리가 포함된 헤더입니다.

2. std라는 네임스페이스를 사용한다는 뜻입니다. cin이나 cout 등을 사용할 때 원래는 std::cin처럼 네임스페이스를 달아서 호출해야 하는데, 이를 기본으로 설정한다는 뜻입니다. 참고로 네임스페이스는 같은 클래스 이름 구별, 모듈화에 쓰이는 이름을 말합니다.

3. 문자열을 선언했습니다. <타입> <변수명> 이렇게 선언합니다. string이라는 타입을 가진 a라는 변수를 정의했습니다. 예를 들어 string a = "큰돌"이라고 해봅시다. 이때 a를 lvalue라고 하며 큰돌을 rvalue라고 합니다. lvalue는 추후 다시 사용될 수 있는 변수이며, rvalue는 한 번 쓰고 다시 사용되지 않는 변수를 말합니다.

4. 입력입니다. 대표적으로 cin, scanf가 있습니다.

5. 출력입니다. 대표적으로 cout와 printf가 있습니다.

6. return 0입니다. 프로세스가 정상적으로 마무리됨을 뜻합니다.

빅오 표기법

시간 복잡도란 '입력 크기에 대해 어떠한 알고리즘이 실행되는 데 걸리는 시간'입니다. 주요 로직의 반복 횟수를 중점으로 측정되며, 보통 빅오 표기법으로 나타냅니다 예를 들어 '입력 크기 n'의 모든 입력에 대한 알고리즘에 필요한 시간이 $10n^2 + n$이라고 하면 다음과 같은 코드를 상상할 수 있습니다.

```cpp
for (int i = 0; i < 10; i++) {
    for (int j = 0; j < n; j++) {
        for (int k = 0; k < n; k++) {
            if (true) cout << k << '\n';
        }
    }
}
for (int i = 0; i < n; i++) {
    if (true) cout << i << '\n';
}
```

빅오 표기법이란 입력 범위 n을 기준으로 해서 로직이 몇 번 반복되는지 나타내는 것인데, 앞서 말한 코드의 시간 복잡도를 빅오 표기법으로 나타내면 $O(n^2)$이 됩니다.

'가장 영향을 많이 끼치는' 항의 상수 인자를 빼고 나머지 항을 없앤 것이죠. 다른 항들이 신경 쓰일 수도 있지만 증가 속도를 고려한다면 그렇지 않습니다. 입력 크기가 커질수록 연산량이 가장 많이 커지는 항은 n의 제곱항이고, 다른 것은 그에 비해 미미하기 때문에 이것만 신경 쓰면 된다는 이론입니다.

시간 복잡도의 존재 이유

이 시간 복잡도는 왜 필요할까요? 바로 효율적인 코드로 개선하는 데 쓰이는 척도가 됩니다. 버튼을 누르고 화면이 나타나는데 이 로직이 $O(n^2)$의 시간 복잡도를 가지고 9초가 걸린다고 해봅시다. 이를 $O(n)$의 시간 복잡도를 가지는 알고리즘으로 개선한다면 3초가 걸리게 되겠죠?

시간 복잡도의 속도 비교

▼ **그림 5-2** 시간 복잡도 속도 비교

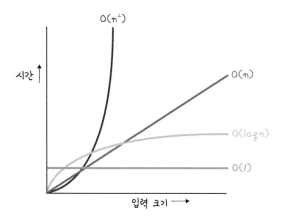

앞의 그림처럼 $O(1)$과 $O(n)$은 입력 크기가 커질수록 차이가 많이 나는 것을 볼 수 있습니다. $O(n^2)$은 말할 것도 없을 만큼 차이가 크죠? 즉, $O(n^2)$보다는 $O(n)$, $O(n)$보다는 $O(1)$을 지향해야 합니다.

5.1.2 공간 복잡도

공간 복잡도는 프로그램을 실행시켰을 때 필요로 하는 자원 공간의 양을 말합니다. 정적 변수로 선언된 것 말고도 동적으로 재귀적인 함수로 인해 공간을 계속해서 필요로 할 경우도 포함합니다.

```cpp
int a[1004];
```

예를 들어 앞의 코드처럼 되어 있는 배열이 있다고 하면 a 배열은 1004×4바이트의 크기를 가지게 되죠? 이런 공간을 의미합니다.

5.1.3 자료 구조에서의 시간 복잡도

자료 구조를 쓸 때는 이러한 시간 복잡도를 잘 생각해야 합니다.

다음은 자주 쓰는 자료 구조의 시간 복잡도를 나타낸 모습입니다. 보통 시간 복잡도를 생각할 때 평균, 그리고 최악의 시간 복잡도를 고려하면서 씁니다.

▼ 표 5-1 자료 구조의 평균 시간 복잡도

자료 구조	접근	탐색	삽입	삭제
배열(array)	O(1)	O(n)	O(n)	O(n)
스택(stack)	O(n)	O(n)	O(1)	O(1)
큐(queue)	O(n)	O(n)	O(1)	O(1)
이중 연결 리스트(doubly linked list)	O(n)	O(n)	O(1)	O(1)
해시 테이블(hash table)	O(1)	O(1)	O(1)	O(1)
이진 탐색 트리(BST)	O(logn)	O(logn)	O(logn)	O(logn)
AVL 트리	O(logn)	O(logn)	O(logn)	O(logn)
레드 블랙 트리	O(logn)	O(logn)	O(logn)	O(logn)

▼ 표 5-2 자료 구조 최악의 시간 복잡도

자료 구조	접근	탐색	삽입	삭제
배열(array)	O(1)	O(n)	O(n)	O(n)
스택(stack)	O(n)	O(n)	O(1)	O(1)
큐(queue)	O(n)	O(n)	O(1)	O(1)
이중 연결 리스트(doubly linked list)	O(n)	O(n)	O(1)	O(1)
해시 테이블(hash table)	O(n)	O(n)	O(n)	O(n)
이진 탐색 트리(BST)	O(n)	O(n)	O(n)	O(n)
AVL 트리	O(logn)	O(logn)	O(logn)	O(logn)
레드 블랙 트리	O(logn)	O(logn)	O(logn)	O(logn)

5.2 / 선형 자료 구조
SECTION

선형 자료 구조란 요소가 일렬로 나열되어 있는 자료 구조를 말합니다.

5.2.1 연결 리스트

연결 리스트는 데이터를 감싼 노드를 포인터로 연결해서 공간적인 효율성을 극대화시킨 자료 구조입니다. 삽입과 삭제가 $O(1)$이 걸리며 탐색에는 $O(n)$이 걸립니다.

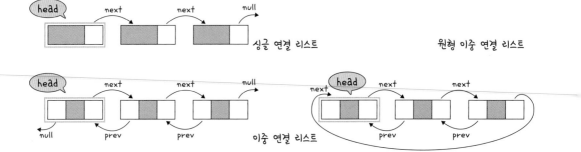

▼ **그림 5-3** 연결 리스트

앞의 그림처럼 prev 포인터와 next 포인터로 앞과 뒤의 노드를 연결시킨 것이 연결 리스트
이며, 연결 리스트는 싱글 연결 리스트, 이중 연결 리스트, 원형 이중 연결 리스트가 있습
니다. 참고로 맨 앞에 있는 노드를 헤드(head)라고 합니다.

- **싱글 연결 리스트**: next 포인터만 가집니다.
- **이중 연결 리스트**: next 포인터와 prev 포인터를 가집니다.
- **원형 이중 연결 리스트**: 이중 연결 리스트와 같지만 마지막 노드의 next 포인터가 헤드 노드를 가리키
  는 것을 말합니다.

이 책에서는 이중 연결 리스트를 기반으로 설명하겠습니다. 이중 연결 리스트는 앞에서부
터 요소를 넣는 push_front( ), 뒤에서부터 요소를 넣는 push_back( ), 중간에 요소를 넣는
insert( ) 등의 함수가 있습니다.

`C++`

코드 위치: ch5/2.cpp

```cpp
#include <bits/stdc++.h>
using namespace std;
int main() {
    list<int> a;
    for (int i = 0; i < 10; i++)a.push_back(i);
    for (int i = 0; i < 10; i++)a.push_front(i);
    auto it = a.begin(); it++;
    a.insert(it, 1000);
    for (auto it : a) cout << it << " ";
    cout << '\n';
    a.pop_front();
```

```
    a.pop_back();
    for (auto it : a) cout << it << " ";
    cout << '\n';
    return 0;
}
/*
9 1000 8 7 6 5 4 3 2 1 0 0 1 2 3 4 5 6 7 8 9
1000 8 7 6 5 4 3 2 1 0 0 1 2 3 4 5 6 7 8
*/
```

5.2.2 배열

배열(array)은 같은 타입의 변수들로 이루어져 있고, 크기가 정해져 있으며, 인접한 메모리 위치에 있는 데이터를 모아놓은 집합입니다. 또한, 중복을 허용하고 순서가 있습니다.

여기서 설명하는 배열은 '정적 배열'을 기반으로 설명합니다. 접근(참조)에 O(1)의 시간 복잡도를 가지며 랜덤 접근(random access)이 가능합니다. 삽입과 삭제에는 O(n)이 걸립니다. 따라서 데이터 추가와 삭제를 많이 하는 것은 연결 리스트, 접근(참조)을 많이 하는 것은 배열로 하는 것이 좋습니다.

랜덤 접근과 순차적 접근

직접 접근이라고 하는 랜덤 접근은 동일한 시간에 배열과 같은 순차적인 데이터가 있을 때 임의의 인덱스에 해당하는 데이터에 접근할 수 있는 기능입니다. 이는 데이터를 저장된 순서대로 검색해야 하는 순차적 접근과는 반대입니다.

▼ **그림 5-4** 랜덤 접근과 순차적 접근

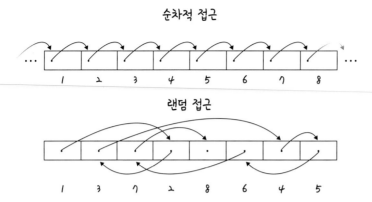

배열과 연결 리스트 비교

배열은 상자를 순서대로 나열한 데이터 구조이며 몇 번째 상자인지만 알면 해당 상자의 요소를 끄집어낼 수 있습니다.

연결 리스트는 상자를 선으로 연결한 형태의 데이터 구조이며, 상자 안의 요소를 알기 위해서는 하나씩 상자 내부를 확인해봐야 한다는 점이 다릅니다.

▼ **그림 5-5** 배열과 연결 리스트의 비교

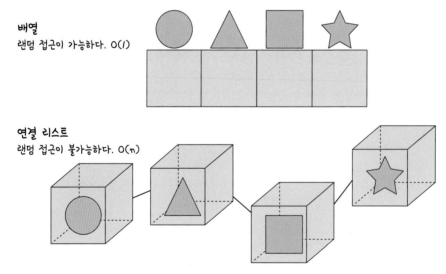

앞의 그림에서 유추할 수 있듯이 n번째 요소의 접근(참조)은 배열은 빠르고 연결 리스트는 느립니다. 배열의 경우 그저 상자 위에 있는 요소를 접근하면 되기 때문에 O(1)의 시간 복잡도를 가지고, 연결 리스트는 매번 상자를 열어야 하고 주어진 선을 기반으로 순차적으로 열어야 하기 때문에 접근(참조)의 경우 O(n)의 시간 복잡도를 가집니다. 즉, 참조가 많이 일어나는 작업의 경우 배열이 빠르고 연결 리스트는 느립니다.

하지만 데이터 추가 및 삭제는 연결 리스트가 더 빠르고 배열은 느립니다. 배열은 모든 상자를 앞으로 옮겨야 추가가 가능하지만, 연결 리스트는 선을 바꿔서 연결해주기만 하면 되기 때문이죠.

C++   코드 위치: ch5/3.cpp

```cpp
#include <bits/stdc++.h>
using namespace std;
int a[10];
int main() {
    for (int i = 0; i < 10; i++)a[i] = i;
    for (auto it : a) cout << it << " ";
    cout << '\n';
    return 0;
}
/*
0 1 2 3 4 5 6 7 8 9
*/
```

5.2.3 벡터

벡터(vector)는 동적으로 요소를 할당할 수 있는 동적 배열입니다. 컴파일 시점에 개수를 모른다면 벡터를 써야 합니다. 또한, 중복을 허용하고 순서가 있고 랜덤 접근이 가능합니다. 탐색과 맨 뒤의 요소를 삭제하거나 삽입하는 데 O(1)이 걸리며, 맨 뒤가 아닌 요소를 삭제하고 삽입하는 데 O(n)의 시간이 걸립니다.

참고로 뒤에서부터 삽입하는 push_back()의 경우 O(1)의 시간이 걸리는데, 벡터의 크기가 증가되는 시간 복잡도가 amortized 복잡도, 즉 상수 시간 복잡도 O(1)과 유사한 시간 복잡도를 가지기 때문입니다.

▼ 그림 5-6 push_back()을 할 때의 벡터 크기 증가

함수	용량	비용
push_back(1)	1	1
push_back(2)	2	1 + 1
push_back(3)	4	2 + 1
push_back(4)	4	1
push_back(5)	8	4 + 1
push_back(6)	8	1
push_back(7)	8	1
push_back(8)	8	1
push_back(9)	16	8 + 1

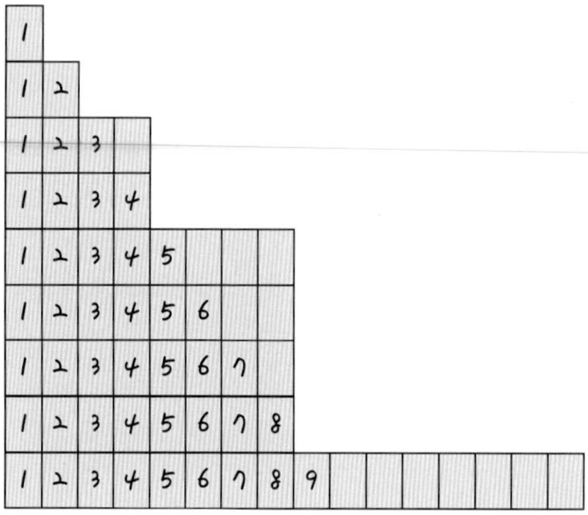

앞의 그림처럼 push_back()을 한다고 해서 매번 크기가 증가하는 것이 아니라 2의 제곱승 + 1마다 크기를 2배로 늘리는 것을 알 수 있습니다.

c_i를 i번째 push_back()을 할 때 드는 비용(cost)이라고 한다면, c_i는 1 또는 $1 + 2^k$이라는 것을 알 수 있습니다. 그렇다면 n번 push_back()을 한다고 했을 때 드는 비용 $T(n)$은 다음과 같은 식이라는 것을 알 수 있습니다.

$$T(n) = \sum_{i=0}^{n} c_i \leq n + \sum_{i=0}^{log_2 n} 2^i = n + 2n - 1 = 3n - 1$$

이를 n으로 나누게 되면 push_back()을 할 때 평균적으로 드는 비용을 알 수 있는데, 이것이 바로 3이기 때문에 이는 1이라는 상수 시간보다는 크지만 상수 시간에 가까운 amortized 복잡도를 가진다는 것을 알 수 있습니다. 그렇기 때문에 push_back()은 O(1)의 시간 복잡도를 가진다고 할 수 있습니다.

코드 위치: ch5/4.cpp

```cpp
#include <bits/stdc++.h>
using namespace std;
vector<int> v;
int main() {
```

```
    for (int i = 1; i <= 10; i++)v.push_back(i);
    for (int a : v) cout << a << " ";
    cout << "\n";
    v.pop_back();

    for (int a : v) cout << a << " ";
    cout << "\n";

    v.erase(v.begin(), v.begin() + 1);

    for (int a : v) cout << a << " ";
    cout << "\n";

    auto a = find(v.begin(), v.end(), 100);
    if (a == v.end()) cout << "not found" << "\n";

    fill(v.begin(), v.end(), 10);
    for (int a : v) cout << a << " ";
    cout << "\n";
    v.clear();
    for (int a : v) cout << a << " ";
    cout << "\n";

    return 0;
}
/*
1 2 3 4 5 6 7 8 9 10
1 2 3 4 5 6 7 8 9
2 3 4 5 6 7 8 9
not found
10 10 10 10 10 10 10 10
*/
```

뒤부터 요소를 더하는 push_back(), 맨 뒤부터 지우는 pop_back(), 지우는 erase(), 요소를 찾는 find(), 배열을 초기화하는 clear() 함수가 있습니다.

```
for (int a : v) cout << a << '\n';
for (int i = 0; i < v.size(); i++) cout << v[i] << '\n';
// 위의 두 코드는 같은 뜻
```

잠시 앞의 코드를 보겠습니다. 이는 "벡터의 요소를 순차적으로 탐색한다."라는 뜻이며, 전자와 후자 코드는 같습니다.

예를 들어 벡터 v에 pair라는 값이 들어간다면 어떻게 해야 할까요? for (pair<int,int> a : v) 방식으로 순회해야 합니다.

5.2.4 스택

스택은 가장 마지막으로 들어간 데이터가 가장 첫 번째로 나오는 성질(LIFO, Last In First Out)을 가진 자료 구조입니다. 재귀적인 함수, 알고리즘에 사용되며 웹 브라우저 방문 기록 등에 쓰입니다. 삽입 및 삭제에 O(1), 탐색에 O(n)이 걸립니다.

▼ 그림 5-7 스택

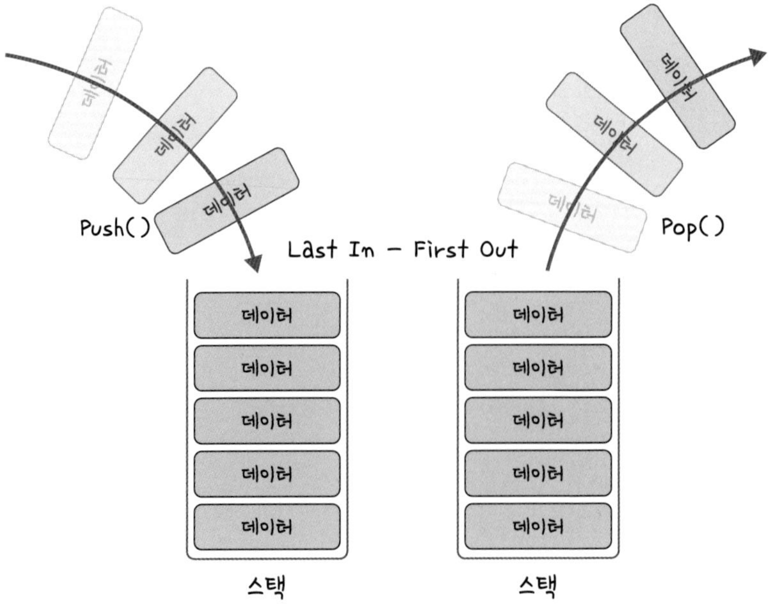

```cpp
#include <bits/stdc++.h>
using namespace std;
stack<int> stk;
int main() {
    ios_base::sync_with_stdio(false);
    cin.tie(NULL);
    for (int i = 0; i < 10; i++)stk.push(i);
    while (stk.size()) {
        cout << stk.top() << " ";
        stk.pop();
    }
}
/*
9 8 7 6 5 4 3 2 1 0
*/
```

5.2.5 큐

큐(queue)는 먼저 집어넣은 데이터가 먼저 나오는 성질(FIFO, First In First Out)을 지닌 자료 구조이며, 나중에 집어넣은 데이터가 먼저 나오는 스택과는 반대되는 개념을 가졌습니다. 삽입 및 삭제에 O(1), 탐색에 O(n)이 걸립니다.

▼ 그림 5-8 큐

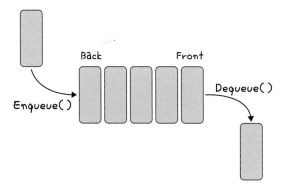

CPU 작업을 기다리는 프로세스, 스레드 행렬 또는 네트워크 접속을 기다리는 행렬, 너비 우선 탐색, 캐시 등에 사용됩니다.

코드 위치: ch5/6.cpp

```cpp
#include <bits/stdc++.h>
using namespace std;
int main() {
    queue<int> q;
    q.push(1);
    cout << q.front() << "\n";
    q.pop();
    cout << q.size() << "\n";
    return 0;
}
/*
1
0
*/
```

참고로 C++에서 enqueue()는 push(), dequeue()는 pop()으로 구현되었습니다.

5.3 / 비선형 자료 구조
SECTION

비선형 자료 구조란 일렬로 나열하지 않고 자료 순서나 관계가 복잡한 구조를 말합니다. 일반적으로 트리나 그래프를 말합니다.

5.3.1 그래프

그래프는 정점과 간선으로 이루어진 자료 구조를 말합니다.

정점과 간선

어떠한 곳에서 어떠한 곳으로 무언가를 통해 간다고 했을 때 '어떠한 곳'은 정점(vertex)이 되고 '무언가'는 간선(edge)이 됩니다.

필자가 다음 그림처럼 어떤 아파트로 간다고 해봅시다. 저와 아파트는 하나의 정점이고 거기로 가는 길은 간선이 됩니다.

▼ **그림 5-9** 정점과 간선

필자가 어떤 사람을 좋아한다고 해봅시다. 필자와 어떤 사람은 정점이, 이러한 마음은 간선이 됩니다. 이때 저는 어떤 사람을 좋아하는데 그 사람은 저를 좋아하지 않는 '짝사랑'이라고 해봅시다. 이것은 어떤 간선일까요? 바로 단방향 간선입니다. 제 마음만 그 사람한테 가는 길밖에 없는 슬픈 관계이지요.

▼ **그림 5-10** 단방향 간선

하지만 그 어떤 사람도 저를 좋아한다면 어떻게 될까요? 바로 양방향 간선이 됩니다. 제 마음도 그 어떤 사람의 마음도 갈 수 있는 '사랑'이라고 하는 상태인 것이죠.

▼ **그림 5-11** 양방향 간선

다음 그림을 보죠.

▼ **그림 5-12** 그래프

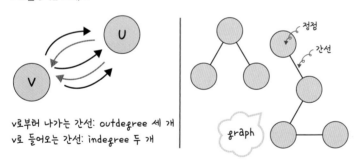

정점으로 나가는 간선을 해당 정점의 outdegree라고 하며, 들어오는 간선을 해당 정점의 indegree라고 합니다. 앞 그림의 정점 V는 outdegree는 세 개, indegree는 두 개인 상태입니다. 또한, 정점은 약자로 V 또는 U라고 하며, 보통 어떤 정점으로부터 시작해서 어떤 정점까지 간다를 "U에서부터 V로 간다."라고 표현합니다. 지금까지 설명한 정점과 간선으로 이루어진 집합을 '그래프(graph)'라고 합니다.

가중치

가중치는 간선과 정점 사이에 드는 비용을 뜻합니다. 1번 노드와 2번 노드까지 가는 비용이 한 칸이라면 1번 노드에서 2번 노드까지의 가중치는 한 칸입니다. 예를 들어 제가 성남이라는 정점에서 네이버라는 정점까지 가는 데 걸리는 택시비가 13,000원이라면 성남에서 네이버까지 가는 가중치는 13,000원이 됩니다.

5.3.2 트리

트리는 그래프 중 하나로 그래프의 특징처럼 정점과 간선으로 이루어져 있고, 트리 구조로 배열된 일종의 계층적 데이터의 집합입니다. 루트 노드, 내부 노드, 리프 노드 등으로 구성됩니다. 참고로 트리로 이루어진 집합을 숲이라고 합니다.

트리의 특징

▼ **그림 5-13** 트리의 특징

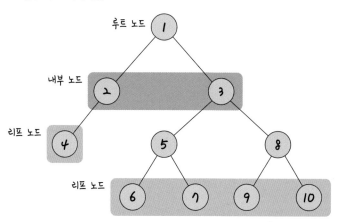

트리는 그래프의 일종이며 다음 특징을 가진다는 점이 다릅니다.

1. 부모, 자식 계층 구조를 가집니다. 지금 보면 5번 노드는 6번 노드와 7번 노드의 부모 노드이고, 6번 노드와 7번 노드는 5번 노드의 자식 노드입니다. 같은 경로상에서 어떤 노드보다 위에 있으면 부모, 아래에 있으면 자식 노드가 됩니다.
2. V - 1 = E라는 특징이 있습니다. 간선 수는 노드 수 - 1입니다.

3. 임의의 두 노드 사이의 경로는 '유일무이'하게 '존재'합니다. 즉, 트리 내의 어떤 노드와 어떤 노드까지의 경로는 반드시 있습니다.

트리의 구성

트리는 루트 노드, 내부 노드, 리프 노드로 이루어져 있습니다.

루트 노드

가장 위에 있는 노드를 뜻합니다. 보통 트리 문제가 나오고 트리를 탐색할 때 루트 노드를 중심으로 탐색하면 문제가 쉽게 풀리는 경우가 많습니다.

내부 노드

루트 노드와 내부 노드 사이에 있는 노드를 뜻합니다.

리프 노드

실제 알고리즘 고인물과 카톡한 내용입니다. 다음 그림처럼 리프 노드는 자식 노드가 없는 노드를 뜻합니다.

▼ **그림 5-14** 리프 노드를 외우는 방법

트리의 높이와 레벨

다음은 트리의 높이와 레벨을 설명한 그림입니다.

▼ 그림 5-15 트리의 높이와 레벨

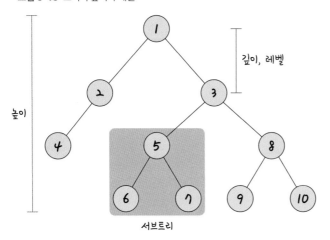

- **깊이**: 트리에서의 깊이는 각 노드마다 다르며, 루트 노드부터 특정 노드까지 최단 거리로 갔을 때의 거리를 말합니다. 예를 들어 4번 노드의 깊이는 2입니다.
- **높이**: 트리의 높이는 루트 노드부터 리프 노드까지 거리 중 가장 긴 거리를 의미하며, 앞 그림의 트리 높이는 3입니다.
- **레벨**: 트리의 레벨은 주어지는 문제마다 조금씩 다르지만 보통 깊이와 같은 의미를 지닙니다. 1번 노드를 0레벨이라고 하고 2번 노드, 3번 노드까지의 레벨을 1레벨이라고 할 수도 있고, 1번 노드를 1레벨이라고 한다면 2번 노드와 3번 노드는 2레벨이 됩니다.
- **서브트리**: 트리 내의 하위 집합을 서브트리라고 합니다. 트리 내에 있는 부분집합이라고도 보면 됩니다. 지금 보면 5번, 6번, 7번 노드가 이 트리의 하위 집합으로 "저 노드들은 서브트리이다."라고 합니다.

이진 트리

이진 트리는 자식의 노드 수가 두 개 이하인 트리를 의미하며, 이를 다음과 같이 분류합니다.

▼ 그림 5-16 트리의 종류

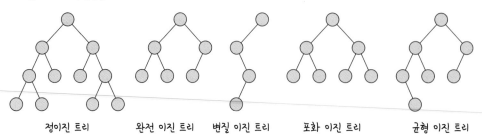

정이진 트리   완전 이진 트리   변질 이진 트리   포화 이진 트리   균형 이진 트리

- **정이진 트리(full binary tree)**: 자식 노드가 0 또는 두 개인 이진 트리를 의미합니다.
- **완전 이진 트리(complete binary tree)**: 왼쪽에서부터 채워져 있는 이진 트리를 의미합니다. 마지막 레벨을 제외하고는 모든 레벨이 완전히 채워져 있으며, 마지막 레벨의 경우 왼쪽부터 채워져 있습니다.
- **변질 이진 트리(degenerate binary tree)**: 자식 노드가 하나밖에 없는 이진 트리를 의미합니다.
- **포화 이진 트리(perfect binary tree)**: 모든 노드가 꽉 차 있는 이진 트리를 의미합니다.
- **균형 이진 트리(balanced binary tree)**: 왼쪽과 오른쪽 노드의 높이 차이가 1 이하인 이진 트리를 의미합니다. map, set을 구성하는 레드 블랙 트리는 균형 이진 트리 중 하나입니다.

이진 탐색 트리

이진 탐색 트리(BST)는 노드의 오른쪽 하위 트리에는 '노드 값보다 큰 값'이 있는 노드만 포함되고, 왼쪽 하위 트리에는 '노드 값보다 작은 값'이 들어 있는 트리를 말합니다.

▼ 그림 5-17 이진 탐색 트리

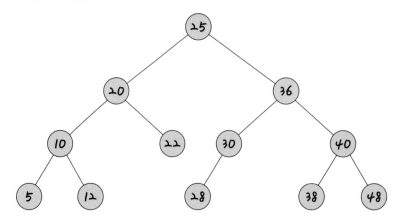

이때 왼쪽 및 오른쪽 하위 트리도 해당 특성을 가집니다. 이렇게 두면 '검색'을 하기에 용이합니다. 왼쪽에는 작은 값, 오른쪽에는 큰 값이 이미 정해져 있기 때문에 10을 찾으려고 한다면 25의 왼쪽 노드들만 찾으면 된다는 것은 자명합니다. 보통 요소를 찾을 때 이진 탐색 트리의 경우 O(logn)이 걸립니다. 하지만 최악의 경우 O(n)이 걸립니다.

그 이유는 이진 탐색 트리는 삽입 순서에 따라 선형적일 수 있기 때문입니다. 예를 들어 다음 그림처럼 말이죠.

▼ **그림 5-18** 이진 탐색 트리의 선형적인 모습

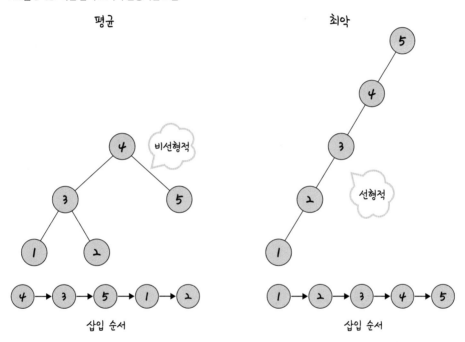

AVL 트리

AVL 트리(Adelson-Velsky and Landis tree)는 앞서 설명한 최악의 경우 선형적인 트리가 되는 것을 방지하고 스스로 균형을 잡는 이진 탐색 트리입니다. 두 자식 서브트리의 높이는 항상 최대 1만큼 차이 난다는 특징이 있습니다.

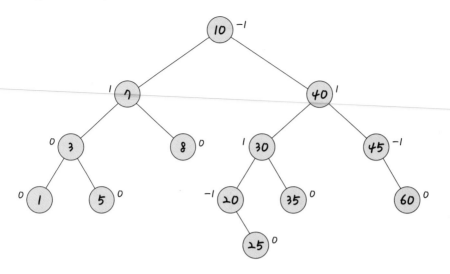

이진 탐색 트리는 선형적인 트리 형태를 가질 때 최악의 경우 O(n)의 시간 복잡도를 가집니다. "이러한 최악의 경우를 배제하고 항상 균형 잡힌 트리로 만들자."라는 개념을 가진 트리가 바로 AVL 트리입니다. 탐색, 삽입, 삭제 모두 시간 복잡도가 O(logn)이며 삽입, 삭제를 할 때마다 균형이 안 맞는 것을 맞추기 위해 트리 일부를 왼쪽 혹은 오른쪽으로 회전시키며 균형을 잡습니다.

레드 블랙 트리

레드 블랙 트리는 균형 이진 탐색 트리로 탐색, 삽입, 삭제 모두 시간 복잡도가 O(logn)입니다. 각 노드는 빨간색 또는 검은색의 색상을 나타내는 추가 비트를 저장하며, 삽입 및 삭제 중에 트리가 균형을 유지하도록 하는 데 사용됩니다. C++ STL의 set, multiset, map, and multimap이 이 레드 블랙 트리를 이용하여 구현되어 있습니다.

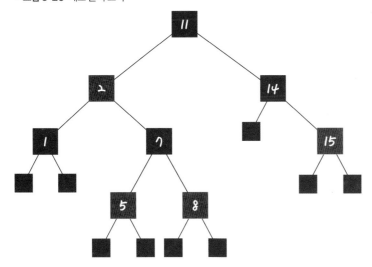

▼ **그림 5-20** 레드 블랙 트리

참고로 "모든 리프 노드와 루트 노드는 블랙이고 어떤 노드가 레드이면 그 노드의 자식은 반드시 블랙이다." 등의 규칙을 기반으로 균형을 잡는 트리입니다.

5.3.3 힙

힙은 완전 이진 트리 기반의 자료 구조이며, 최소힙과 최대힙 두 가지가 있고 해당 힙에 따라 특정한 특징을 지킨 트리를 말합니다.

- **최대힙**: 루트 노드에 있는 키는 모든 자식에 있는 키 중에서 가장 커야 합니다. 또한, 각 노드의 자식 노드와의 관계도 이와 같은 특징이 재귀적으로 이루어져야 합니다.
- **최소힙**: 최소힙에서 루트 노드에 있는 키는 모든 자식에 있는 키 중에서 최솟값이어야 합니다. 또한, 각 노드의 자식 노드와의 관계도 이와 같은 특징이 재귀적으로 이루어져야 합니다.

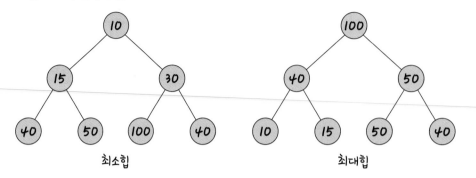
▼ 그림 5-21 최소힙과 최대힙

최소힙   최대힙

힙에는 어떠한 값이 들어와도 특정 힙의 규칙을 지키게 만들어져 있습니다. 예를 들어 최대힙을 기반으로 설명하면 다음과 같습니다.

최대힙의 삽입

힙에 새로운 요소가 들어오면, 일단 새로운 노드를 힙의 마지막 노드에 이어서 삽입합니다. 이 새로운 노드를 부모 노드들과의 크기를 비교하며 교환해서 힙의 성질을 만족시킵니다.

▼ 그림 5-22 최대힙의 삽입

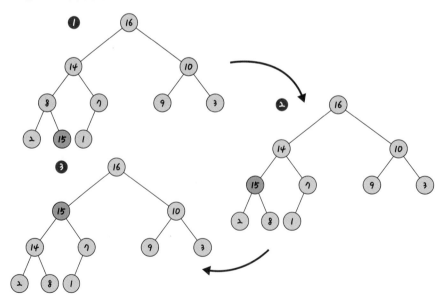

예를 들어 8이라는 값을 가진 노드 밑에 15라는 값을 가진 노드를 삽입한다고 하면, 이 노드가 점차 올라가면서 해당 노드 위에 있는 노드와 스왑하는 과정을 거쳐 최대힙 조건을 만족하게 됩니다.

최대힙의 삭제

최대힙에서 최댓값은 루트 노드이므로 루트 노드가 삭제되고, 그 이후 마지막 노드와 루트 노드를 스왑하여 또다시 스왑 등의 과정을 거쳐 재구성됩니다.

5.3.4 우선순위 큐

우선순위 큐는 우선순위 대기열이라고도 하며, 대기열에서 우선순위가 높은 요소가 우선순위가 낮은 요소보다 먼저 제공되는 자료 구조입니다.

▼ **그림 5-23** 우선순위 큐

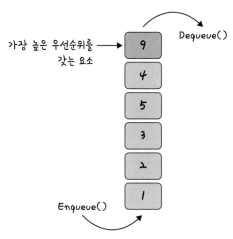

우선순위 큐는 힙을 기반으로 구현됩니다.

다음 코드처럼 greater를 써서 오름차순, less를 써서 내림차순으로 바꿀 수 있습니다. int뿐만 아니라 다른 자료 구조를 넣어서 할 수도 있습니다.

```cpp
#include <bits/stdc++.h>
using namespace std;
priority_queue<int, vector<int>, greater<int> > pq; // 오름차순
// priority_queue<int, vector<int>, less<int> > pq; // 내림차순
int main() {
    pq.push(5);
    pq.push(4);
    pq.push(3);
    pq.push(2);
    pq.push(1);
    cout << pq.top() << "\n";
    return 0;
}
/*
1
*/
```

오름차순으로 정렬하게 했고 5, 4, 3, 2, 1이 입력되었음에도 우선순위가 높은 1이 출력되는 것을 볼 수 있습니다.

5.3.5 맵

맵(map)은 특정 순서에 따라 키와 매핑된 값의 조합으로 형성된 자료 구조입니다. 예를 들어 "이승철" : 1, "박동영" : 2 같은 방식으로 string : int 형태로 값을 할당해야 할 때 있죠? 그럴 때 map을 씁니다. 레드 블랙 트리 자료 구조를 기반으로 형성되고, 삽입하면 자동으로 정렬됩니다.

맵을 쓸 때는 map<string, int> 형태로 구현합니다. 배열과 비슷하게 clear() 함수로 맵에 있는 모든 요소를 삭제할 수 있으며, size()로 map 크기를 구할 수 있습니다. 또한, erase()로 해당 키와 키에 매핑된 값을 지울 수 있습니다.

참고로 map은 해시 테이블을 구현할 때 쓰며 정렬을 보장하지 않는 unordered_map과 정렬을 보장하는 map 두 가지가 있습니다.

```cpp
#include <bits/stdc++.h>
using namespace std;
int v[10];
int main() {
    unordered_map<string, int> umap;
    // 다음과 같이 넣기도 가능하고
    umap.insert({"test1", 1});
    // 이렇게 넣을 수도 있다.
    umap.emplace("test5", 5);
    // 또한, 이렇게 변경도 가능, 추가할 수도 있다. 다음 형태를 권장한다.
    umap["test1"] = 4;

    for (auto element : umap) {
        cout << element.first << " :: " << element.second << '\n';
    }
    // map의 find 메서드는 찾지 못하면 end() 이터레이터를 반환한다.
    auto search = umap.find("test4");
    if (search != umap.end()) {
        cout << "found :" << search -> first << " " << (*search).second <<
'\n';
    } else {
        cout << "not found.." << '\n';
    }
    // 다음과 같이 ++를 통해 test1이라는 키에 매핑된 int 값을 증가한다.
    umap["test1"]++;
    cout << umap["test1"] << "\n";

    cout << umap.size() << "\n";
    umap.erase("test1");
    cout << umap.size() << "\n";

    return 0;
}
/*
test5 :: 5
test1 :: 4
not found..
```

```
5
2
1
*/
```

map을 순회할 때는 키에 해당하는 값(key)을 first, 키에 매핑된 값(value)에 해당하는 값을 second로 탐색 가능합니다.

코드 위치: ch5/9.cpp

```cpp
#include <bits/stdc++.h>
using namespace std;
int main() {
    map<string, int> _map;
    _map["큰돌"]++;
    _map["큰돌"]++;
    for (auto c : _map) {
        cout << c.first << " : " << c.second << "\n";
    }
    return 0;
}
/*
큰돌 : 2
*/
```

5.3.6 셋

셋(set)은 특정 순서에 따라 고유한 요소를 저장하는 컨테이너이며, 중복되는 요소는 없고 오로지 희소한(unique) 값만 저장하는 자료 구조입니다.

```cpp
#include <bits/stdc++.h>
using namespace std;
int main() {
    set<pair<string, int>> _set;
    _set.insert({"test", 1});
    _set.insert({"test", 1});
    _set.insert({"test", 1});
    _set.insert({"test", 1});
    cout << _set.size() << "\n";
    return 0;
}
/*
1
*/
```

여기서 pair는 두 가지 형을 담을 수 있는 구조이며 first, second로 그 인자에 접근이 가능합니다. 이렇게 똑같은 값을 넣었더니 1이 나오는 것을 볼 수 있습니다. 나머지 사항은 map과 비슷합니다.

5.3.7 해시 테이블

해시 테이블은 무한에 가까운 데이터들을 유한한 개수의 해시 값으로 매핑한 테이블입니다. 삽입, 삭제, 탐색 시 평균적으로 O(1)의 시간 복잡도를 가지며 unordered_map으로 구현합니다.

Q 해시 테이블을 설명하세요.

A 해시 테이블은 무한에 가까운 데이터(키)들을 유한한 개수의 해시 값으로 매핑한 테이블입니다. 이를 통해 작은 크기의 캐시 메모리로도 프로세스를 관리하도록 할 수 있습니다.

Q 그래프와 트리의 차이점은 무엇인가요?

A 그래프는 정점과 간선으로 이루어진 자료 구조를 말하며, 트리는 그래프 중 하나로 그래프의 특징처럼 정점과 간선으로 이루어져 있고 트리 구조로 배열된 일종의 계층적 데이터의 집합입니다. 루트 노드, 내부 노드, 리프 노드 등으로 구성되며 V−1=E 등의 특징이 있습니다.

Q 이진 탐색 트리는 어떤 문제점이 있고 이를 해결하기 위한 트리 중 한 가지를 설명해보세요.

A 이진 탐색 트리는 선형적으로 구성될 때 시간 복잡도가 O(n)으로 커지는 문제점이 있습니다. 선형적으로 구성하지 않고 균형 잡힌 트리로 구성하기 위해 나온 트리로 AVL 트리와 레드 블랙 트리가 있으며, 이 중 AVL 트리를 설명하겠습니다.

AVL 트리(Adelson−Velsky and Landis tree)는 스스로 균형을 잡는 이진 탐색 트리입니다. 두 자식 서브트리의 높이는 항상 최대 1만큼 차이 난다는 특징이 있습니다.

탐색, 삽입, 삭제 모두 시간 복잡도가 O(logn)이며 삽입, 삭제를 할 때마다 균형이 맞지 않는 것을 맞추기 위해 트리 일부를 왼쪽 혹은 오른쪽으로 회전시키며 균형을 잡습니다.

포트폴리오와 면접

아무리 프로그래밍을 잘해도 포트폴리오를 잘못 작성하고 면접을 제대로 보지 못하면 자신이 원하는 회사에서 탈락할 수도 있습니다. 필자가 경험했던 내용을 바탕으로 포트폴리오 작성법과 면접을 보는 방법을 알려 드리겠습니다.

6.1 _{SECTION} 포트폴리오

포트폴리오는 자신의 객관화된 강점을 녹여내야 합니다. 필자는 2019년에는 70% 확률로 지원한 회사에서 떨어졌습니다. 그 이후 프로젝트를 한 개 추가한 것 외에는 제가 변한 것이 없음에도 포트폴리오를 제 전략에 맞춰 수정해서 네이버, 카카오, 라인, 구글, SAP 등에 100% 확률로 서류 전형에 합격한 경험이 있습니다. 이러한 경험으로 얻은 포트폴리오의 노하우를 여러분께 소개하겠습니다. 필자의 포트폴리오를 보면서 설명하겠습니다.

- 포트폴리오 링크: https://wnghdcjfe.github.io/

6.1.1 첫 문장이 중요하다

필자의 포트폴리오가 가장 윗부분에 있습니다.

▼ 그림 6-1 포트폴리오: intro

Hi I'm Hongchul ju
A developer who makes beautiful code

Top 4% at 2020 Kakao Front-End Development Challenge, **76th** Mocha Contributor, **Platinum 1** in BOJ

한 줄로 자신을 표현하라

나는 주홍철이고 아름다운 코드를 만든다고 되어 있습니다. 이렇게 한 줄로 자신이 어떠한 개발자인지 나타내야 합니다. 도전적인 개발자, 오픈 소스에 관심이 많은 개발자, 다도를 즐기는 개발자 등 자신을 나타내는 아이덴티티를 고찰해서 한 줄로 나타내야 합니다.

장점 세 가지

그다음은 장점 세 가지를 부연 설명으로 나타내는 것이 좋습니다. 필자는 세 가지의 장점이 있습니다. 첫 번째 2020 카카오 프런트엔드 개발 대회에서 상위 4%, 두 번째 자바스크립트 테스트 프레임워크 모카의 76번째 컨트리뷰터, 세 번째 알고리즘 사이트 BOJ에서 플래티넘 1의 실력을 가진다고 나열했습니다. 여러분은 저보다 훨씬 더 많은 장점들이 있을 수 있습니다. 하지만 장점이 아무리 많다고 한들 면접관은 그 많은 것을 다 읽지 않습니다. 많은 장점 가운데 세 개를 뽑아서 세 개의 장점만 보여줍시다.

이러한 장점들이 없을 수도 있습니다. 신입이면 특히 그럴 수 있습니다. 하지만 신입은 많은 장점을 가진 사람들을 뽑는 것이 아니라 기본기가 탄탄하고 열정을 가진 인재들을 뽑습니다. 만약 내세울 것이 없는 포트폴리오라면 높은 학점, 높은 열정, 높은 자료 구조 이해력, 높은 알고리즘 이해력 등을 내세우면 됩니다.

6.1.2 숫자로 말하라

필자의 포트폴리오에서 자기소개에 해당하는 About입니다.

▼ **그림 6-2** 포트폴리오: About

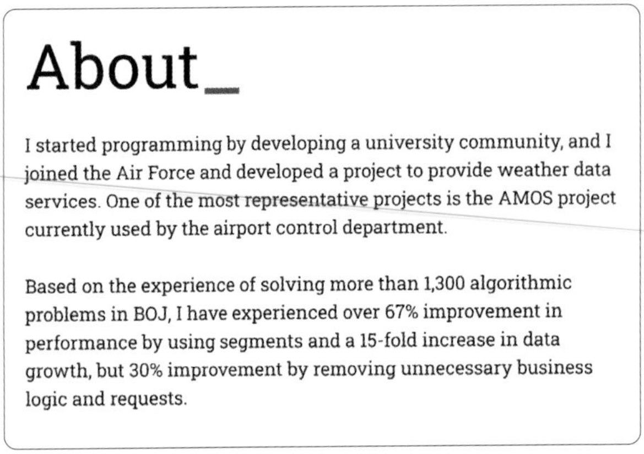

About_

I started programming by developing a university community, and I joined the Air Force and developed a project to provide weather data services. One of the most representative projects is the AMOS project currently used by the airport control department.

Based on the experience of solving more than 1,300 algorithmic problems in BOJ, I have experienced over 67% improvement in performance by using segments and a 15-fold increase in data growth, but 30% improvement by removing unnecessary business logic and requests.

자신을 설명하는 'About' 부분은 필수입니다. 시시콜콜한 초등학교, 중학교 성장 배경은 쓰지 맙시다. 자신이 어떤 사람인지 수학적, 논리적으로 표현해야 합니다. 필자는 대학교 커뮤니티를 만들면서 프로그래밍을 시작했고, 이어서 AMOS라는 프로젝트의 리더로서 활동했다고 간략히 저를 설명했으며, 1,300개 이상의 알고리즘 문제를 풀고 67%의 성능 향상을 이끈 경험 등을 말했습니다.

여기서 중요한 점은 67%와 1,300개 부분입니다. 내가 어떠한 경험을 가지고 있는지에 대해 숫자로 이야기하는 것이 중요합니다. 예를 들어 제가 TDD를 했다면 과연 테스트 커버리지를 몇 퍼센트로 했는지 이야기해야 합니다. 또한, 내가 만약 성능 테스트를 했다면 몇 퍼센트의 성능 향상을 이끌어냈는지, 몇 개의 피처를 만들어냈고 MAU를 얼마나 달성했는지 등을 이야기해야 합니다.

용어

── **테스트 커버리지**

시스템 또는 소프트웨어 테스트의 충분함 정도, 보통 70~80%를 목표로 삼는다.

── **MAU(Monthly Active User)**

월간 방문 순사용자를 뜻한다.

── **피처(feature)**

서비스의 기능 중심 업무를 말한다. 예를 들어 버튼을 추가한다는 등의 업무를 일컫는다.

6.1.3 기술의 숙련도를 나눠서 표기하라

자신이 다루는 기술을 어느 정도 다루는지 구분하여 나타내야 합니다.

▼ **그림 6-3** 포트폴리오: Tech

Tech_

Strong

JS(ES5+) / Vue.js/ Vuex / React.js / Redux / D3.js / Node.js / Express.js / Request.js /
Cheerio.js / Nightmare.js / Mocha.js / TypeScript / GraphQL / HTML5 / CSS / Webpack /
C++(PS) / Functional Programming / MongoDB / Neo4j / Nginx

Knowledgeable

Spring / Java / jQuery / Angular.js / PHP / Python / TensorFlow / DL(LSTM, CNN) /
Matplotlib / Numpy / Pandas / Beautiful Soup 4 / Selenium / JSP / MySQL / TiberoDB /
FirebaseDB

ETC

Git / Docker / IOT / OPIC-IM2(20.02.29) / Secure Coding Completion(KISA)

자신이 다루는 기술의 리스트를 나열할 때는 자신이 제일 잘하는 것, 그리고 내가 조금은 하지만 잘하지는 못하는 것 이렇게 나열하는 것이 좋습니다. 저는 Spring을 사용한 프로젝트를 두 번 했습니다. 그렇기 때문에 Knowledgeable에 넣었습니다. 하지만 자바스크립트는 잘 다루며, 수많은 프로젝트를 한 경험이 있죠. 그렇기 때문에 Strong에 넣었습니다.

그러나 이러한 기술들이 없다면 들어가고 싶은 기업의 요강이나 취업공고를 보면서 채워나갑시다.

예를 들어 내가 가고 싶은 회사가 네이버의 가영부서라고 칩시다. 이 가영부서는 React.js를 잘 다루는 사람을 뽑는다고 되어 있습니다. 그렇다면 내가 가지고 있는 기술에 React.js부터 배우며 채워가야 하겠죠?

6.1.4 리드미를 잘 작성하라

포트폴리오에는 자신의 프로젝트가 들어갑니다. 프로젝트의 아키텍처나 ERD를 잘 표현해주는 것이 중요합니다.

프로젝트는 많은 것도 좋지만 제대로 된 프로젝트 하나만이라도 있다면 그것으로도 충분합니다.

▼ **그림 6-4** 아키텍처 설명 예시

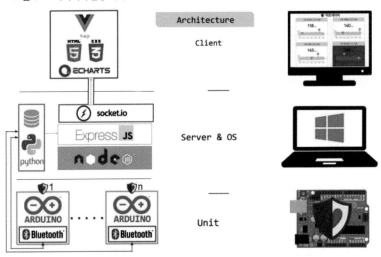

앞의 그림처럼 깃허브의 리드미를 관리해야 합니다. 지금 보면 아두이노 여러 개를 이용해서 파이썬 통신 모듈을 통해 express 미들웨어를 장착한 Node.js와 통신하고, socket.io를 통해 프런트엔드와 통신하고 있다는 것을 알 수 있죠? 사실 면접관들은 깃허브를 그렇게 자세히 보지 않기 때문에 '한눈에' 봐도 잘 알 수 있도록 하는 것이 중요합니다.

6.1.5 오픈 소스 컨트리뷰터가 되자

기업들의 취업 전형을 보면 '오픈 소스 컨트리뷰터 우대' 같은 글들을 많이 볼 수 있는데, 오픈 소스 컨트리뷰터는 말 그대로 내가 사용하고 있는 프레임워크나 라이브러리 개발자를 말합니다. 예를 들어 제가 Vue.js나 Mocha.js를 사용하는데 이것을 만드는 사람인 것이죠. 어려워 보이지만 꾸준히 하면 가능합니다. 필자는 2020년에 Mocha.js의 컨트리뷰터가 되었습니다.

Mocha.js라는 자바스크립트 테스트 프레임워크는 굉장히 어려운 코드로 가득했고 어떠한 부분에 있어 PR을 해야 할지 처음에는 막막했습니다. 그러나 다른 사람들이 올린 이슈와 다른 사람들이 한 PR을 보며 Mocha.js 자체를 분석하며 지속적으로 PR을 했습니다. PR을 하면서 거절당하기도 무시당하기도 했지만 꾸준히 했습니다. 그러자 갑자기 Mocha.js의 유명한 외국 메인테이너로부터 연락이 왔습니다.

▼ **그림 6-5** 이메일

"~~한 부분이 문제점이 있으니까 네가 ~~한 PR을 하면 내가 반드시 코드 리뷰해줄게."라는 내용이 적힌 이메일이었습니다. 굉장히 기쁜 순간이었고 그것을 기반으로 해서 PR을 하여 Mocha.js의 컨트리뷰터가 되었습니다.

필자처럼 부족한 사람도 되었듯이, 여러분도 어렵지만 꾸준히 하다 보면 충분히 가능합니다.

용어

— **PR(Pull Request)**
깃허브에서 프로젝트에 PR이 반영되었다는 뜻은 자신의 코드가 해당 프로젝트에 기여했다는 것을 의미한다.

— **컨트리뷰터**
오픈 소스에 서브 개발자급으로 기여한 사람

— **메인테이너**
오픈 소스에 메인 개발자급으로 기여한 사람

6.1.6 블로깅을 하자

필자는 블로그를 운영하는데 블로그 운영 경험이 면접을 볼 때나 포트폴리오 구축에 있어
정말 많은 도움을 주었다고 생각합니다. 어떤 주제를 공부하고 분석해서 나만의 것으로
만드는 능력, 그것들을 사람들에게 자세하게 소개하는 능력을 기르는 데 상당히 도움이
됩니다.

블로그는 네이버 블로그를 하는 것을 추천합니다. 저는 velog나 tistory, 브랜치, jekyll을
다 써봤지만 가장 쉽게 글을 쓸 수 있는 것은 네이버 블로그였습니다. 단락 설정, 폰트 설
정, 이미지 편집, 이미지 업로드, 이미지 병합 등을 고려하면 네이버 블로그가 가장 글을
쓰기가 쉽습니다.

글은 많이 써야 하고 해당 측면에서 보면 네이버 블로그는 최고입니다. 네이버 블로그는
SEO가 좀 떨어진다고는 하나, 이웃 추가 시스템이 잘되어 있어 이웃을 통해 자극을 받아
쓰기도 하며 모바일로도 쉽게 글을 쓰거나 확인할 수 있는 시스템이 강점입니다.

▼ **그림 6-6** 네이버 이 달의 블로그

또한, 열심히 하다 보면 필자처럼 이달의 블로그가 될 수도 있고 이를 통해 1년 동안 네이
버 멤버십 혜택을 얻을 수도 있습니다. 그리고 애드포스트로 조그마한 수익도 얻을 수 있
다는 것이 장점입니다.

6.2 SECTION / 면접

필자는 처음 면접을 볼 때 면접관에게 "열심히 하겠습니다."만 몇십 번을 외치다가 나왔습니다. 그리고 그 면접은 망했죠. 저는 그저 '열심히' 하는 사람이었습니다. 하지만 수많은 면접을 보면서 느낀 점은 '열심히'가 아닌 '잘'해야 한다는 것이고 그것은 면접에 무엇이 나올지, 어떻게 말해야 하는지를 파악하여 '잘' 대답하는 것을 의미합니다. 자, 그럼 어떻게 면접을 준비해야 하는지 알아봅시다.

6.2.1 꼬리에 꼬리를 무는 질문

필자는 욕실에서도 면접을 상상했습니다. '이 질문에는 이렇게 답변하고 이렇게 답변하면 이렇게 질문이 들어올 텐데'라고 말이죠. 그렇게 상상의 나래를 펼치다 보면 꼬리에 꼬리를 무는 질문에 대비할 수 있습니다.

면접관은 꼬리에 꼬리를 무는 질문을 하는 경우가 많은데, 이는 지원자가 얼마나 이해하고 있는지 지식의 깊이를 보기 위해서입니다.

참고로 지식의 깊이를 넓히려면 다독을 하거나 강의를 많이 듣는 것이 좋습니다.

"나는 내 전문 분야에 어느 정도의 시간과 돈을 투자했는가?"

항상 앞의 질문에 잘 대답할 수 있을 정도로 깊게 공부해야 합니다.

다음은 예시입니다.

Q **1.1 MongoDB의 특징은 무엇인가요?**

NoSQL로 사용할 수 있는 DB이며 3.2 버전 이상부터는 와이어드타이거 엔진을 쓰며 읽기, 쓰기 기능 등을 향상시켰습니다. aggregate 등이 되며 도큐먼트를 만들 때 12바이트의 유니크한 아이디가 생성되는 것이 특징입니다.

Q **1.2 MongoDB는 ObjectID라는 기본키가 주어지는 것이 특징이죠.**

그렇다면 이 아이디는 몇 바이트로 이루어져 있고, 어떻게 구성되어 있나요?

A 12바이트의 유니크한 아이디이며 4바이트의 타임 값, 5바이트의 랜덤 값, 3바이트의 랜덤 값으로부터 증가되는 카운트 값으로 구성되어 있습니다.

Q **1.3 MongoDB로 리플리카셋을 구축한다고 했을 때, 서버가 몇 대 이상 필요한가요?**

A 일단 MongoDB에서 리플리카셋을 구축할 때 보통 세 개 이상의 서버로 하는 것이 일반적입니다. 한 개의 마스터 노드, 두 개 이상의 세컨더리 노드로 쓰니까요. 이때 서버 개수가 부족할 때 서버 1대를 2대처럼 만드는 것이 있는데, 이는 좋지 않습니다. 왜냐하면 MongoDB의 메모리 버퍼 풀 같은 경우 서버 내의 메모리 50%를 차지하기 때문에 2대로 만들면 부하가 발생했을 때 대응을 못할 확률이 높기 때문입니다.

만약 2대의 서버와 스펙이 낮은 서버 1대가 있다면 아비터 노드도 고려해볼 만합니다. 아비터는 별도로 사용자의 데이터를 보관하거나 처리하지 않아 높은 사양의 하드웨어를 필요로 하지 않기 때문에 비용이 낮습니다. 스펙이 낮은 서버 하나를 아비터 노드로 만들고 이를 통해 프라이머리 선출에 참여하는 용도로만 쓰면 됩니다.

Q **2.1 ESM과 CJS 모듈 방법에 대해 설명해주세요.**

A ESM은 ECMA Script 모듈 방식이자 ES6 모듈 방식이라고도 합니다. 이는 import와 export 키워드를 통해 모듈을 가져오거나 내보내는 방식입니다. CJS는 CommonJS 방식이며, require와 exports 키워드를 통해 모듈을 가져오거나 내보내는 방식을 의미합니다.

Q **2.2 ESM과 CJS 모듈 방법의 차이는 무엇인가요?**

A 첫 번째 ESM에서는 import 방식으로 파일이 로드되지 않습니다.

자바스크립트

```javascript
import jsonContent from "./example.json"
```

앞의 코드가 올바르게 작동되지 않는다는 것을 말합니다. 물론 Node.js17 버전 이상, 그리고 옵션을 달아 다음과 같은 코드로 실행하면 됩니다.

> 자바스크립트

```javascript
node --experimental-json-modules c.js
```

하지만 이는 실무에서는 사용되지 않고 보통은 다음과 같이 require를 써서 해야 합니다.

> 자바스크립트

```javascript
import {createRequire} from 'module'
const require = createRequire(import.meta.url)
const json = require('./example.json')
console.log(json)
```

Q **2.3 그렇다면 ESM과 CJS 모듈 방법 중에 무엇을 써야 하나요?**

A ESM은 strict 모드가 기본적으로 되어 있고 번들링할 때 파일이 커지지 않습니다. 하지만 CJS 같은 경우 strict 모드를 걸어주어야 하고 번들링할 때 파일이 커지는 단점이 있습니다. 전적으로 ESM 모듈을 쓰되 CJS 모듈도 효과적으로 쓸 수 있어야 합니다.

6.2.2 대답을 바꾸지 말자

나의 대답이 맞는데도 고개를 갸웃한다거나 "정말요?"라고 하면서 그 대답에 확신이 있는가를 던지는 면접관도 있습니다. 이때 만약 틀릴 것 같아서 대답을 바꾼다면 면접관의 페이스에 말릴 가능성이 있으니 보통은 바꾸지 맙시다. 또한, 그런 애매한 대답을 할 바에는 차라리 하지 말아야 합니다.

6.2.3 모르는 것은 모르는 것

예전 면접에서 TDD에 대해 아느냐는 질문을 받았는데, 그때 당시 조금 밖에 알지 못했음에도 불구하고 다 아는 척을 해버리고 말았습니다. 그렇게 지옥과 같은 면접이 펼쳐졌고 그 면접은 망했습니다. 모르는 것은 모른다고, 아는 것은 이 정도까지 안다며 겸손함을 보일 줄 알아야 합니다. 또한, 모르는 것이 나온다면 모른다고 바로 대답할 것이 아니라 어느 정도 고민하고 대답할 줄 아는 침착함이 필요합니다.

6.2.4 압박을 버텨라

필자는 압박 면접도 여러 번 경험을 해봤지만 가장 인상 깊었던 질문은 바로 이것이었습니다.

"나는 당신이 좋은 개발자라고 생각하지 않아요."

이 질문에 면접 당시 쏟아진 압박 질문으로 인한 답답함과 왜 '나의 장점'을 알아주지 않는 것일까 하는 마음에 화를 내듯 쏟아내며 내가 왜 좋은 개발자인지 설명했던 기억이 있습니다. 역시나 그 면접은 탈락했죠. 절대 화를 내지 않아야 합니다. 이는 하나의 시험일 수도 있습니다. 면접관이 무례하든 무례하지 않든 지원자와 면접관의 입장 차이는 반드시 존재하며, 어떠한 상황에서도 차분히 자신을 회사에 어울리는 인재라고 소개할 수 있어야 합니다.

6.2.5 공식 사이트를 봐라

만약에 실력이 같은 사람이 2명 있는데, 1명은 회사에 대해 잘 알고 1명은 회사에 대해 잘 모른다면 이 중 누굴 뽑을까요? 바로 회사를 잘 아는 사람이겠죠? 잘 안다는 것은 그만큼 회사를 사랑한다는 것이며, 이는 오래 다닐 수 있는 인재일 확률이 높다는 것을 의미하기 때문입니다.

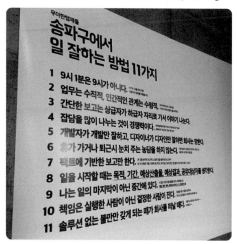

회사 웹 사이트를 잘 읽어봅시다. 예를 들어 '배달의 민족'으로 면접을 보러 간다면 배달의 민족에서 만든 '송파구에서 일 잘하는 방법 11가지'는 반드시 외우고 가야 합니다.

회사에서 지향하는 가치는 회사 웹 사이트에 나와 있는 경우가 많습니다. 자신이 면접을 보는 회사라면 회사 공식 웹 사이트는 보고 갑시다.

6.2.6 또렷한 발음으로

발음은 중요하고 속도도 중요합니다. 내가 만약 면접을 진행하는데 말하는 속도가 너무 빠르다면 고쳐야 합니다. 면접을 한다고 생각하고 동영상을 찍거나 친구를 통해 자신의 모습을 객관적으로 바라보면서 나의 목소리가 너무 빠르지 않은지, 질문에 대해 너무나 빠르게 대답해서 신중하지 않게 대답하지는 않은지 생각해야 합니다.

6.2.7 장점, 단점, 차이는 필수다

보통 프런트엔드나 백엔드 같은 직종에 지원할 때 직무에 해당하는 면접 예상 질문, 이전에 나온 질문들을 찾아보곤 합니다. 하지만 그 전에 기본적으로 해야 할 것이 있습니다.

바로 자신이 프로젝트에서 썼던 기술의 장점, 단점, 차이를 외우는 것입니다. 예를 들어 필자가 타입스크립트를 프로젝트에 썼다고 해봅시다. 그렇다면 나오는 질문은 타입스크립트의 장점, 단점, 자바스크립트와의 차이는 무엇인가가 나올 것입니다. 이뿐만 아니라 타입스크립트 속으로 들어가보면 type과 interface의 차이 등이 나오겠죠? 그렇게 나올 법한 질문들은 인터넷을 찾아보면 금방 나오니 반드시 준비해갑시다. 필자가 만든 '[타입스크립트] interface와 type의 차이' 영상(https://bit.ly/3hHzFVC)도 참고하길 바랍니다.

6.2.8 업무를 예측하라

직군에 대한 채용공고를 보면 업무에 관한 내용이 나와 있습니다. 이를 통해 업무에 관한 것을 예측할 수 있는데, 이를 예측하고 거기에 대한 답변을 준비해가는 것이 좋습니다. 이를테면 나는 프런트엔드 개발자 직군으로 들어가려고 하는데, 그쪽 채용공고를 보니 Node.js, Spring 경험자 환영이라고 되어 있다면 들어갔을 때 프런트엔드만 하지 않을 가능성이 높습니다.

즉, 프런트엔드라도 백엔드를 할 수도 있다는 의미이며 "이곳은 프런트뿐만 아니라 백엔드도 할 수 있어요. 괜찮은가요?"라는 식의 질문이 나올 수 있습니다.

이에 대한 답변을 준비해가면 당황하지 않고 좀 더 '준비된' 지원자라는 것을 부각시킬 수 있습니다.

6.2.9 체크리스트를 만들어 준비하라

면접을 준비한다면 '정말로' 내가 모든 준비를 마쳤는지 확인하는 과정이 필요합니다. 예를 들어 필자가 프런트엔드 개발자로 진행한다고 해보겠습니다. 그렇다면 다음과 같은 체크리스트를 만들고 이에 대해 모든 준비를 마쳤는가 확인해야 합니다. 자신이 지원한 부서의 채용공고를 보면 우대 사항과 지원 자격이 있을 것입니다. 거기에 따라 체크리스트를 만들고 공부해야 합니다. 예를 들어 다음과 같은 것입니다.

O	운영체제, 네트워크, 데이터베이스에 대해 모두 대답할 줄 안다.
O	React.js와 Vue.js와의 차이점을 안다.
O	웹과 자바스크립트, CSS 등 웹의 기본을 안다.
O	Node.js와 MongoDB의 특징, 장점, 단점을 설명할 줄 안다.
X	DP, 그리디 등 알고리즘을 개념적으로 잘 설명할 줄 안다.

6.2.10 인성 면접

필자가 생각하기에 나올 것 같은 인성 면접 질문과 해당 질문에 필자가 대답한다면 이렇게 대답한다는 사례를 정리했습니다. 이를 참고해서 본인의 답변을 준비하면 됩니다.

Q **1분 동안 자기소개 부탁드립니다.**

A 안녕하세요. 끊임없이 도전하는 개발자, 주홍철입니다. 대표적인 프로젝트로는 대한민국 공항, 공군에서 비행기 또는 전투기가 이착륙할 때 쓰이고 있는 실시간 기상 상황 모니터링 시스템 AMOS, 미술품/전시회 인공지능 추천 서비스 아트리가 있습니다.

프런트에서 세그먼트를 이용하여 서버 요청을 줄여 67% 이상 성능을 향상시켰으며, 15배의 자료 증가가 되었지만 불필요한 로직과 요청을 제거하여 30%의 성능 향상을 이끈 경험이 있습니다. 웹 프로젝트 이외에도 AI, IOT 등 다양한 프로젝트를 진행한 경험이 있습니다.

또한, 카카오 프런트엔드 챌린지 6위, 스타트업 해커톤 1위와 대한민국 국방부 등으로부터 개발 관련 공로를 인정받아 참모총장상, 사령관상, 단장상 등을 수상했습니다.

자바스크립트 테스트 프레임워크 Mocha.js의 컨트리뷰터이며 저서 〈실시간 모니터링 시스템을 만들며 정복하는 MEVN〉과 강의 〈인프런 - 10주완성 C++ 코딩테스트〉가 있습니다.

감사합니다.

Q 팀원 간 의견 불일치가 생긴 경험과 해결한 경험이 있나요?

A 기상 정보 지원 체계라는 프로젝트를 진행할 때 라인 차트, 도넛 차트, 지도 피처를 그려야 하는 이슈가 있었습니다. 이때 기존에 chart.js로 만들어진 컴포넌트가 있었기 때문에 이를 재활용해서 진행하자는 의견과 d3.js를 통해 진행하자는 의견이 대립되어 의견 불일치가 생겼습니다.

chart.js는 차트는 그릴 수 있지만 지도 피처는 그리지 못하기 때문에 chart.js를 쓴다면 차트는 chart.js, 지도는 다른 라이브러리를 써야 하는 상황이었습니다. 만약 짧게 개발하는 프로젝트였다면 chart.js를 썼겠지만, 어느 정도 시간 여유가 있는 프로젝트였고 추후 유지 보수성을 생각한다면 세 개의 이슈를 모두 해결할 수 있는 d3.js가 나은 선택이라고 보았습니다.

그리고 용량, 러닝 커브, 활용도 세 가지의 관점을 기반으로 chart.js, d3.js뿐만 아니라 다른 라이브러리까지 비교해봤습니다.

▼ **표 6-1** 라이브러리 비교

라이브러리	용량	러닝 커브	활용도
chart.js	보통	쉬움	보통
echart.js	큼	매우 쉬움	보통
three.js	큼	보통	높음
d3.js	작음	보통	매우 높음

그 결과 d3.js가 용량이 적고 러닝 커브도 괜찮으며, 활용도가 높아 최종적으로 낫다는 결과를 얻어냈습니다. 이를 통해 d3.js를 쓰자고 설득하여 의견 불일치를 해결했습니다.

이렇게 의견 불일치가 생겼을 때 주장하는 바와 주장에 대한 근거를 명확하게 제시하며 해결한 경험이 있습니다.

Q 본인에게 가장 큰 영향을 준 프로젝트는 무엇인가요?

A 기상 정보 지원 체계라는 프로젝트입니다. 공군의 주된 임무는 전투기를 띄우는 것인데, 전투기가 이륙할 때 미치는 중요한 요인으로는 눈, 비 등 기상 상황이 있습니다.

기존의 C++ 기반 MFC로 이루어진 실시간 기상 상황 모니터링 시스템은 이러한 기상 상황을 모니터링하는 역할을 담당하고 있었지만 여러 가지 비즈니스 문제를 해결하지 못했습니다.

어떠한 비행/전투 기종은 낙뢰가 쳐도 뜨는데, 어떠한 비행/전투 기종은 온도가 어느 정도 이상이 되면 뜨지 못하는 것, 비행장의 활주로 방향, 크기에 따라서 조금씩 다르게 모니터링해야 하는 요소 등 새로운 문제점들이 있었고, 새로운 기상 상황 모니터링 시스템이 필요했습니다. 이후 200쪽이 넘는 기획서를 기반으로 2년 동안 6명의 팀원으로 스펙은 redhat, nginx, Node.js, MongoDB, Vue.js, vuex 등의 기술을 사용한 대규모 프로젝트 '기상 정보 지원 체계'가 시작되었습니다.

지금은 인천 공항을 제외한 모든 공항, 그리고 모든 대한민국 전투 비행단에 설치되어 쓰이고 있습니다. 영화를 보면 큰 전광판을 보며 사령관들이 회의를 하는 것처럼 실제로는 그것보다 6배는 더 큰 전광판을 보면서 회의를 하는데, 실제 전광판에 저희 팀의 프로젝트가 한 공간을 차지하며 잘 쓰이고 있고, 공항에 설치되어 있는 것을 보면 정말 뿌듯하기도 합니다.

Q 10년 후에는 어떤 개발자가 되고 싶나요?

A 첫 번째, 마이클 보스탁처럼 d3.js와 같은 유명한 오픈 소스를 만드는 사람이 되고 싶습니다. 사람들이 많이 쓰는 오픈 소스의 컨트리뷰터 수준이 아닌 메인테이너 수준의 개발자가 되어 오픈 소스에 기여하고 싶습니다. 저는 지금 Mocha.js의 컨트리뷰터인데 아직 많이 부족합니다. 진정한 기여자는 메인테이너급의 기여자라고 생각하며 그 수준에 해당하는 기여자가 되고 싶고 그 과정을 통해 많이 배우고 싶습니다.

두 번째, 인공지능 대회 캐글 competition 분야의 그랜드 마스터를 달성하고 싶습니다. 현재 AI 서비스 '어비스'를 만들어 많은 사람이 이용하게 하는 것이 목표인데, 어느 정도 궤도 이후에는 아마 저의 인공지능 관련 학위나 학력이 없는 것이 제 서비스의 신뢰성에 발목을 잡을 것이라고 생각합니다. 이를 해결하기 위해 인공지능 대회 캐글에서 우수한 성적을 통해 그 단점을 보완하여 많은 사람이 '믿고 쓰는' AI 서비스를 운영하고 싶습니다.

세 번째, 따스한 개발자가 되고 싶습니다. 저에게 다가오는 사람들에게 먼저 따스하게 안부를 묻고 간단한 아재 개그도 하는 그런 재밌고 실력 있는 개발자가 되고 싶습니다.

Q 왜 프로그래밍을 시작했나요?

A 친구로부터 강의를 추천받아서 온라인 강의를 들었는데, 그 강의가 너무 별로였습니다. 생각해보니 우리가 강의를 들을 때 선배나 지인을 통해서만 추천을 받아 강의를 선택하는 시스템을 가지고 있었죠. 여기에 문제점을 느끼고 좀 더 많은 사람이 강의를 투명하게 평가하는 시스템을 만들자고 생각했습니다.

그 당시 몇몇 학교에 강의 평가 사이트라는 것이 있었는데, 대학교 내의 모든 강의를 평가하고 그것을 투명하게 볼 수 있는 시스템이 갖춰져 있었습니다. 하지만 저희 학교는 없었죠. 그래서 강의 평가 사이트를 만들고자 했고, 그때 처음 프로그래밍을 시작했습니다. 제가 만들어야 하는 것이 명확히 존재했고 그것을 위한 '도구'로 프로그래밍을 배웠습니다. 처음으로 MySQL, Jquery, Node.js를 이용한 사이트를 만들었고, 매우 적은 숫자이지만 1,000명의 회원을 보유한 교내 강의 평가, 커뮤니티 서비스를 만들었습니다. 이렇게 프로그래밍을 시작했습니다.

Q 최근 읽은 기술 책은 무엇인가요?

A 저는 최근에 〈실시간 모니터링 시스템을 만들며 정복하는 MEVN〉을 읽었습니다. 자바스크립트를 좀 더 심화적으로 공부하려고 읽었으며, git에 대해 요약해서 알려주는 부분, 자바스크립트의 핵심 원리부터 최적화 기법, 함수형 프로그래밍 등 다양한 것을 배울 수 있어 좋았습니다.

Q 본인의 강점은 무엇인가요?

A 프로젝트를 능수능란하게 리드할 수 있고, 알고리즘 구현 실력이 좋으며, 다양한 분야의 프로젝트 경험이 있다는 점입니다.

첫 번째, 프로젝트 리더를 도맡아 했으며 최대 6명의 팀원과 함께 프로젝트를 진행한 경험이 있습니다. 이를 통해 프로젝트 계획을 구축하는 점, 의사소통, 피처의 우선순위 결정 부분에 강점을 가집니다. 또한, POC를 빠르게 하는 습관을 통해 프로토타입을 빠르게 만들어 프로젝트의 속도를 높이는 능력도 우수합니다.

두 번째, 알고리즘 구현 실력이 높습니다. 백준 알고리즘 사이트로 따지면 상위 1%이며, 세계 알고리즘 대회 코드포스의 DIV2 성적은 상위 8%를 달성한 경험이 있습니다. 이러한 알고리즘 구현 능력으로 어떠한 비즈니스 로직도 구현할 수 있습니다. 더군다나 이를 설명하는 능력이 탁월합니다. 인프런에서 알고리즘 강의를 하고 있으며 수많은 학생을 네이버, 카카오 등 대기업에 보낸 경험이 있습니다.

세 번째, 저는 웹 서비스뿐만 아니라 다양한 분야의 프로젝트 경험이 있습니다. 아두이노와 여러 센서, 그리고 웹 서비스를 접목시켜 만든 프로덕트로 IOT 대회에서 최우수상을 받았고, AI 프로젝트 또한 LSTM, CNN, LSTM-CNN, KNN 등 다양한 모델을 구축한 경험이 있습니다. 이는 다양한 관점에서 사고할 수 있다는 점에서 강점이라고 생각합니다.

용어

— **POC(Proof Of Concept)**
타당성을 입증하기 위해 특정 방법이나 아이디어를 구현하는 것

Q 프로젝트 일정을 계산할 때 팁이 있나요?

A 제가 생각하는 것의 1.5배를 고려하여 계산합니다. 항상 그렇게 했더니 예상과는 다르게 생겼던 이슈들을 처리할 때 넉넉한 기한 덕에 좋았던 경험이 있습니다.

Q 모르는 기술의 경우 어떻게 학습합니까?

A 먼저 구글링을 합니다. 구글링한 페이지에 있는 페이지 전부를 열어서 읽습니다. 그러고 난 후 이것으로 충족되지 않은 경우 유튜브로 검색합니다. 물론 이 키워드는 영어로 구성하여 진행합니다. 이렇게 해서도 충족이 안 될 경우 관련 책을 구매해서 이 책을 레퍼런스로 삼아 기술을 학습합니다. 그리고 유튜브도 겸해서 학습합니다.

Q 리모트 워크에 대해 어떻게 생각하시나요?

A 만약 3명 이하의 작은 규모로 팀 프로젝트를 한다면 절대 리모트 워크(remote work)를 해서는 안 된다고 생각합니다. 반드시 대면으로 프로젝트를 진행하고 친밀감과 유대감을 상승시켜야 합니다.

저는 6개월 동안 3명으로 이루어진 팀을 리모트 워크 형태로 진행한 적이 있습니다. 결과는 실패였습니다. 서로 간의 의사소통 부족, 한 일에 대한 공유, 목표에 대한 공유 등 모든 것이 부족했습니다.

그 이상의 규모라면 괜찮다고 생각합니다. 일의 효율성도 증대될 것이고요. 하지만 그렇다고 해서 100% 리모트 워크는 지양하며 팀끼리 주기적으로 만나는 과정이 필요하다고 생각합니다. 차도 마시고 밥도 먹으면서 만나야 친밀감이 생긴다고 생각합니다. 팀에서 팀원끼리의 친밀감은 그 어떤 것보다 중요합니다. 서로 개인적인 이야기도 주고받을 수 있을 정도로 만들어진 소규모 팀이라면 효율성은 배가 될 것입니다.

Q 만약 불가능한 이슈를 수행해야 한다면?

A 저는 보통 처음에는 "일단 해본다."라고 가정하고 진행합니다. 그 이후 빠르게 POC를 진행해보고 안 될 경우에만 비용과 시간 등 다른 이유를 대면서 "힘들 것 같다."라고 합니다. 무조건 해보지도 않고 "안 될 것 같다."라고 하는 것은 좋지 않다고 생각합니다.

Q 논쟁이 벌어지면 어떻게 해야 하나요?

A 화를 내는 것이 아니라 증명을 해야 합니다. 수학적이고 논리적인 증명 과정을 통해 상대방을 납득시키는 것이죠. 예를 들어 "A를 해야 합니다. 왜냐하면 B이기 때문입니다."라는 논리적인 구조로 이루어진 말이 필요합니다. 즉, 주장과 근거가 동반되어야 합니다.

예를 들어 "필자가 정글 아무무를 픽하면 게임을 이긴다."라는 논리를 펼쳐보겠습니다. 게임에서 이기려면 필자는 정글 아무무를 해야 합니다. 그 이유는 제 아무무의 최근 열 번의 전적을 보면 승률 80%, 다섯 번의 MVP를 받았습니다. 물론 아무무는 좋지 않은 챔피언이라는 선입견이 있지만 게임에서 중요한 요인은 높은 숙련도를 뽑을 수 있다는 것입니다. 필자의 아무무 숙련도는 100만 점으로 이는 숙련도 상위 1%에 해당하며, 아무무 장인이라고 볼 수 있습니다. 그렇기 때문에 제가 아무무를 픽하면 게임을 이길 확률이 높다고 생각합니다.

또한, 자신의 전문적인 영역이 아닌데 어떠한 기술에 대해 제안할 때는 '조심'스럽게 말하는 것이 중요합니다. "A를 하는 것이 어떨까요?"와 같은 형태로 말하는 것이 좋습니다.

Q 리더에게 필요한 것은 무엇인가요?

부지런함입니다. 리더는 팀원 그 누구보다 더 부지런해야 합니다. 팀장이 부지런하다 보면 자연스레 리더십이 생깁니다. 팀원이 어려워하는 부분에 대해 노련하게 해답을 찾아주고 찾지 못하더라도 부지런하게 노력을 보이는 것이 중요합니다.

Q 바빠 보이는 상대방에게 꼭 도움을 청해야 한다면 어떻게 하나요?

A 상대방이 만약 바쁘다면 "안녕하세요. 가영 님 바쁘신데 이런 말씀을 드려서 죄송합니다. 지금 현재 서비스 내에서 B 때문에 A가 아니라 C를 하는 것이 더 나을 듯싶은데, 혹시 방법이 없을까요? 도와주시면 나중에 밥 한 끼 사겠습니다."처럼 무조건으로 해달라는 것이 아니라 상대방을 배려하면서 도움을 요청해야 합니다.

Q 기술 스택은 어떻게 정하나요?

A 팀원들의 기술 숙련도, 기술의 성능, 유지 보수성을 주로 보며 결정합니다.

저 같은 경우 예전 2017년에 Vue.js, React.js, Angular.js 중에 프런트엔드 프레임워크를 고르는 일이 있었습니다. 이때 저의 선택은 Vue.js였습니다. 근거는 세 가지 기술을 이용하여 각각 하나씩 앱을 만들어 보았고, 성능적으로 Vue.js와 React.js가 제일 나았습니다. 그리고 그중 Vue.js로 정했습니다.

주니어 개발자가 많은 저희 팀에 특성상 보다 쉬운 Vue.js를 선택하는 것이 더 좋다고 생각되었습니다. 또한, 기술의 성능이 좋았고 컨트리뷰터 수나 깃허브를 보면 유지 보수성도 꽤 괜찮아 보였습니다.

하지만 고민이 되었는데, 그 당시만 해도 Vue.js는 대규모 프로젝트에 쓰일 수 없다는 인식이 있었기 때문입니다. 하지만 아무리 리서칭을 해봐도 그 부분에 대한 올바른 근거를 찾을 수 없어서 결단을 내렸고 Vue.js를 사용해서 진행하게 되었습니다. 결과는 대성공이었습니다. 2년에 걸쳐 프로젝트를 진행한 결과, 몇백 개의 컴포넌트로 이루어진 프로젝트를 안정적으로 배포했습니다.

Q 프로젝트를 함에 있어서 '빠른 호흡'에 대해 어떻게 생각하나요?

A 특정 신기술이나 디자인 패턴을 통해 리팩터링을 계속해서 해가며 프로젝트를 구현할 수도 있겠지만, 여러 사정에 의해 그렇지 않은 경우도 많이 발생합니다. 이 경우 불합리한 의사 결정을 따라야 할 때도 있고, 조금 더 빠른 호흡을 가져야 한다고 생각합니다. 그리고 되도록이면 좋은 코드 스타일을 체화하여 빠르게 코드를 구축하더라도 좋고 빠른 결과물을 만들어낼 수 있는 개발자가 되어야 한다고 생각합니다.

Q 지원자 님, 회사에 대해 궁금한 것이 있나요?

A 지금 이 회사는 A라는 서비스를 만들 계획이라고 들었는데 구체적으로 어떠한 스펙을 중심으로 만들 계획인가요?

참고로 여기서 궁금한 것이 없다고도 할 수도 있지만, 궁금한 것이 있냐는 면접관 질문에 대해 '가볍고' 면접관이 '대답할 수 있는' 질문을 하는 것이 좋습니다.